"不忘初心 缅怀先烈"丛书

陈 新　张采鑫◎主编

以笔作枪拯国危
蔡和森

马 辂　张淑芳 著

花山文艺出版社

河北·石家庄

图书在版编目（CIP）数据

以笔作枪拯国危：蔡和森 / 马铬，张淑芳著. —石家庄：花山文艺出版社，2023.1（2025.1重印）
（"不忘初心 缅怀先烈"丛书 / 陈新，张采鑫主编）
ISBN 978-7-5511-6036-0

Ⅰ. ①以… Ⅱ. ①马… ②张… Ⅲ. ①传记文学—中国—当代 Ⅳ. ①I25

中国版本图书馆CIP数据核字(2022)第012149号

丛 书 名	"不忘初心 缅怀先烈"丛书
主 编	陈 新 张采鑫
书 名	以笔作枪拯国危——蔡和森 Yibizuoqiang Zheng Guowei —— Cai Hesen
著 者	马 铬 张淑芳
策 划	张采鑫 王玉晓
特约编辑	王福仓
责任编辑	申 强
责任校对	李 鸥
封面设计	书心瞬意
美术编辑	王爱芹
出版发行	花山文艺出版社（邮政编码：050061） （河北省石家庄市友谊北大街330号）
销售热线	0311-88643299/48
印 刷	北京一鑫印务有限责任公司
经 销	新华书店
开 本	700毫米×1000毫米 1/16
印 张	8
字 数	100千字
版 次	2023年1月第1版 2025年1月第5次印刷
书 号	ISBN 978-7-5511-6036-0
定 价	39.80元

（版权所有 翻印必究·印装有误 负责调换）

Contents 目录

引　子……………………………………… 1
一、在动荡中成长………………………… 1
二、长沙求学……………………………… 8
三、新民学会……………………………… 16
四、向外发展……………………………… 24
五、走向世界……………………………… 33
六、"向蔡同盟"………………………… 35
七、捍卫权利……………………………… 41
八、中共二大前后………………………… 48
九、上海大学教授………………………… 54
十、中共三大前后………………………… 56
十一、参与领导五卅运动………………… 61
十二、去莫斯科…………………………… 66
十三、出席中共五大……………………… 75
十四、应对突发事件……………………… 81
十五、参加八七会议……………………… 89
十六、指导北方局………………………… 93
十七、出席中共六大……………………… 100
十八、三赴莫斯科………………………… 106
十九、英勇就义…………………………… 114

附录　蔡和森生平年表………………… 118

引　子

蔡和森（1895~1931），湖南湘乡（今湖南双峰县）人。早年与毛泽东等创办进步团体新民学会，是中国共产党早期的重要领导人之一。在旅法期间，蔡和森就形成了对马克思主义的坚定信仰。他具有丰富的文化素养和高度的马克思主义理论水平，是著名的马克思主义理论家、宣传家，曾任中共中央机关报《向导》周报主编。他是工人运动的领袖，曾参与领导反帝爱国的五卅运动。他是中共第二、三、四届中央执行委员，第五、六届中央政治局常委。他是坚定的共产主义战士，不畏艰险，始终战斗在革命第一线。1931年8月，在广州英勇就义，年仅36岁。

一、在动荡中成长

蔡和森，原名龢仙，字润寰，号泽膺，别名蔡林彬。1895年3月30日出生于上海。

蔡家世代以经营"永丰辣酱"出名。祖父蔡寿菘，早年考过秀才未中，曾在曾国藩的湘军中任职，后被遣散回家，仍以经营"永丰辣酱"为业，生活颇为富裕。父亲蔡蓉峰承业后，因不善经营，家业逐渐衰落。1890年，他把铺面租给别人，自己带着妻子前往上海，凭借岳父家与曾国藩女婿聂某的亲戚关系，在聂某当总办的江南制造总局谋得了一个小职位。蔡和森就诞生在这里。

蔡和森的母亲葛兰英，后改名健豪，出身官宦家庭。其父葛葆吾，做过清朝的盐运使、按察使。但葛兰英在不到1周岁时，父亲便亡故了，由母亲陈氏抚养成人。她富有正义感和爱国心，仰慕女革命家秋瑾之所为，经常以秋瑾为革命献身的精神激励自己和教育儿女。她生有三男三女，蔡和森是她的第五个孩子，第六个是蔡咸熙（即蔡畅）。

葛兰英虽出生于湘乡荷叶（今双峰县攸水乡）望族，但并没有那种"大家闺秀"的骄娇之气；相反，她衣着朴素，勤俭持家，厚道贤淑，在邻里间口碑颇好。在生下蔡和森之前，她已先后生下了二子二女，对第五个孩子蔡和森更加疼爱。

蔡蓉峰在总局的官衔是"奉政大夫"，官职虽不大，但毕竟也是局里的管理者。他来上海之前就有些不务正业，到上海这十多年时间里，正经的没学多少，却染上了严重的官僚恶习。他学会了吸食鸦片，处处摆出一副官僚的架子，在家里也是神气十足。当时，葛兰英作为家庭主妇，没有外出干活谋生，全家七口人的生活保障都依赖于蔡蓉峰一人。然而，蔡蓉峰为人较为刻薄，缺少同情心，这与他妻子葛兰英的宽厚和善良形成了鲜明的对比。葛兰英同情工人，经常带着孩子们到"棚户区"的工人同乡家里串门，有时还送点儿钱接济他们。后来，蔡麓仙、蔡和森兄弟俩走上为穷苦人奋斗的革命道路，与其母亲同情贫苦人家的善良宽厚的品德，无疑有着重要的关系。

葛兰英平日不满丈夫的行为，有时耐心诚恳地规劝他，希望他"宽恕待人""厚德载福"，但他从不以为然，仍然坚持其为人处世的原则。夫妻间的距离逐渐拉大，终于导致了一场家庭风暴，夫妻分居，蔡和森在上海4年的童年生活就此结束。

那是一个北风呼啸、寒气逼人的早晨，一位瘦骨嶙峋的中年工人来到蔡家，恳求蔡蓉峰看在同乡的情分上，到局里替他求情，不要因为他有点儿疾病就裁减他。蔡蓉峰忘记了以前他也是通过关系在局里谋求职位的，现在有乡亲有求于他，他不但不表示同情，反而把人家训斥了一顿，赶出门去。在一旁目睹丈夫行为的葛兰英十分伤心和气愤，便拿出自己积攒的几块钱牵着和森，默默地走到门外，把钱塞到了那个工人的手里。没料到，妻子的善行大大地触犯了蔡蓉峰的尊严，他顿时大怒起来，冲着母子俩骂道："你们娘崽都是老子养活的，吃现成饭不要紧，还拿老子的钱送人情！"他一边骂一边用旱烟袋朝妻子打过去。葛兰英一手挡开旱烟袋，一手护着和森，大声回敬丈夫道："你自己想想，你现在变成什么样的人了？俗话说'亲不亲，故乡人'，你对同乡的困境不同情，还要把人家赶出门去。你对穷人如此横蛮，对局里的洋人却那样恭顺，难道你一点儿也不感到羞耻吗？"葛兰英借此机会将平日里压在肚子里的闷气全倒了出来。这些话字字句句像针一样扎在了蔡蓉峰的痛处，他更加暴怒了，连连拍着桌子吼道："你给我滚，你们都滚！"

听到蔡蓉峰叫"滚"，葛兰英反倒冷静下来。她回想这些年来跟随丈夫在上海所受的委屈，极力压抑着内心的愤懑，冷冷地说："我早知道你会赶我们母子的。说实在的，你这样不务正业，我早就看不惯了。但为了几个孩子，我才一直忍气吞声，规劝你，等待你，希望你改邪归正。现在看来，这一切完全没有指望了！"

与蔡蓉峰的这场冲突，加剧了他们之间的感情危机，没过多久，意志坚强的葛兰英终于离开了上海，离开了丈夫，带着孩子们回到了家乡——永丰镇。

刚满4岁的蔡和森跟随母亲回到永丰镇，不久他们又来到了距离永丰镇70里的荷叶塘，寄居在外祖母家。

荷叶塘是一个偏僻的山乡，位于湘乡、湘潭和衡山县交界处，四面环山，中间地势低洼，像一片荷叶，悠悠涓水横贯其中，故有此名。曾国藩，就是湘乡出的一位极有影响的人物。蔡家与曾家、葛家不仅有同乡关系，而且还有联姻关系。

这时葛兰英母子的到来，给寂静的葛家增添了不少欢乐。老外祖母有外孙膝下承欢,当然高兴得不得了。葛兰英和哥哥之间相处得也很好。他们谈论家庭和人生,更经常一起谈论当时正在北方兴起的义和团和湖南衡州、辰州的等地爆发的教案风潮。而对于天真好奇的蔡和森来说,山村的许多乐趣是他在上海无论如何也享受不到的。他跟着表兄葛光宇、葛光宙在花园里栽花种树、捉蝴蝶,有时到山上捡菌子、挖野菜,到池塘里捞鱼摸虾,其乐无穷。

正当蔡和森在外祖母家无忧无虑地生活之时,他的父亲蔡蓉峰由于时局的动荡和官场的倾轧,无法在上海继续立足,加之妻儿的离去也使他深感孤寂,所以他弃官还乡,回到了永丰。为了对妻子表示歉意,他雇了顶轿子亲自到荷叶去接她回家。然而,年迈的岳母舍不得女儿和外孙回家,葛兰英也不愿回到永丰。无奈,蔡蓉峰只好将永丰的少量土地卖掉,在葛家附近的"光甲堂"买下了几间房屋和10多亩田地,全家就在荷叶定居下来。第二年5月14日,蔡和森的妹妹蔡咸熙(蔡畅)出生在荷叶。

蔡和森一家在荷叶居住生活了大约10年的时间,直到1908年他13岁才回到永丰。在荷叶,蔡和森听到人们谈论最多的要数曾国藩,讲述他少年时如何"勤奋好学,知书达理"的故事,传诵他"吃千般苦,读万卷书"的名言。总之一句话,曾国藩的故事成了方圆几十里人们对孩子启蒙教育的活生生的事例,且历久不衰。葛家和蔡家也不例外。当蔡和森稍谙世事之时,母亲葛兰英便常带他们姐弟几个到七八里外的曾国藩旧居"富厚堂"去玩耍,借机会给他们讲曾国藩的故事,以启发和激励儿女。

蔡和森从小就喜欢读书。当大哥和表兄在家里念书时,他总是站在旁边认真地听,有时还拿着书本要母亲教他识字读书。他舅舅延聘了一位塾师教儿子学习,蔡和森成为伴读一起学。他开始读的自然是《三字经》《百家姓》《千字文》等启蒙书籍,后来又念起了四书五经。蔡和森秉性聪颖,很受先生宠爱。

1907年7月,著名的女革命家秋瑾在绍兴被害的消息传到荷叶后,引起了不同的议论。葛兰英对女英雄秋瑾十分钦佩。她反对有人把

"乱党"之类的罪名加在秋瑾的头上,在她看来,秋瑾敢于冲破封建牢笼的束缚,走上革命的道路,是中国妇女界了不起的人物。她暗地里把秋瑾的革命事迹告诉孩子们,勉励他们要像秋瑾那样敢作敢为,做一个对社会有益的人。这对蔡和森来说,真是打开了一个新的认识境界,使他知道在这个世界上,还有那种为挽救国家和民族的危难而勇于赴汤蹈火的人。他觉得这样的人才是真正的英雄,是曾国藩那样的人无法相比的。渐渐地,他不到"富厚堂"去玩了,相反,他开始经常接近农民乡亲,听他们讲农村的生活情况,与孩子们一起放牛、割草。

有年夏季,父亲要蔡和森、蔡畅下地种豆子,哥哥在前面刨坑,妹妹在后边往坑里撒豆种。突然,蔡畅看到远处一块田里的曾老爹,一会儿弯腰刨坑、撒种,一会儿又立直腰用脚培土,累得直擦汗。她叫住哥哥,用手指着曾老爹说:"你看,我们帮帮他吧!"蔡和森抬起头来看看,立即表示同意说:"好!我们先去帮曾老爹。"兄妹俩拿着自家的豆种,去帮助曾老爹种豆。曾老爹不住地喊:"使不得,使不得!"他俩不听,足足忙了半天,种完那块田,下午才去种自家的田。晚上回家,父亲知道了他们帮曾老爹种豆子气得火冒三丈,骂道:"你们这些吃里扒外的东西!"蔡畅赶紧跑到母亲身边,母亲平静地对父亲说:"你吼什么,和子、毛妹子做得对,帮助别人是好事嘛!"母亲一支持,父亲再反对也没有用。这件事给兄妹留下了极为深刻的印象。

在荷叶的几年里,蔡家发生了一连串的不幸事件:1904年,11岁次女蔡顺熙从垛楼上摔下来,不久就死去;1907年,22岁的长子又得病去世;蔡家的家境每况愈下。这时,蔡和森的外祖母已经去世,在荷叶,蔡家也没有更多的依恋了。于是,1908年,在蔡和森的大姐嫁给衡山的刘文炳以后,蔡蓉峰便把"光甲堂"的房屋和田地都卖了,全家从荷叶搬回了永丰镇。

永丰镇位于涟水支流湄水河畔,是一个秀丽古朴的小镇。河西的一头依山，河东的一头傍水，河上有座石桥把全镇连接起来。镇东南有两座并排耸立的山峰，挺拔秀丽，人们称之为"双峰插云"。

蔡蓉峰一家从荷叶搬回永丰镇后，他仍然像过去那样，把铺面租给别人，自己住进里屋。为了减轻生活压力，蔡蓉峰叫二儿子蔡麓仙在店铺旁边摆了个小摊子，做点儿杂货生意，又把年仅13岁的蔡和森送进"蔡广祥"辣酱店当学徒。

蔡和森从小患有哮喘病，体质很弱。进店以后，店主堂兄对他毫无照顾，照样是"徒弟徒弟，三年奴婢"，店中的重活都叫他干。每天早晚开铺关店，背不动沉重的铺板，东摇西歪，有时摔倒在地，常常遭到店主的呵斥辱骂。当学徒还要替老板娘干家务事，有时因疲劳过度，略一打盹，便遭鞭打。

繁重的劳动和学徒的艰难生活，严重地影响了蔡和森的身心健康，他的身体更加消瘦，人也变得更加沉默寡言。同时，面对现实，他也开始认真独立地思考一些问题，诸如人与人之间究竟是什么样的关系？为什么穷人受富人的打骂、欺压？等等。为了探求这些问题的答案，使自己生活得有意义些，蔡和森开始借来一些书籍自学。每天晚上关上铺门后，他便在昏暗的油灯下看书，一看就是几个小时，有时甚至到天亮；因为睡眠不足，或者看书入迷，以致影响到做生意，不是拿错了货，就是找错了钱。有一次，一位顾客来买东西，连叫几声，他也没有听见。此事恰好被店主看见，遂将蔡和森的书撕得粉碎，并狠骂了他一顿。没想到当天晚上，蔡和森上楼睡觉时，一脚踏空，一个跟头从楼梯上栽了下来。他实在忍无可忍，当晚就跑回家向母亲诉苦，恳求不当学徒了。看着儿子委屈和可怜的样子，葛兰英眼泪直流；但想到家里的困难，她又不得不狠心劝说和森，要他多忍耐，要他坚持下去。

第二天，蔡和森听从了母亲的劝告，回到店里继续当学徒。就在此时，蔡和森的姑父朱静斋被罢了官，回到永丰双峰高等学校任教。朱静斋同情内侄蔡和森的遭遇，主动借书给他学习，鼓励他以天下为己任，立志为国家民族做一番事业。在姑父的支持下，蔡和森一边在店里劳动，一边更加忘我读书。这是店主不能允许的。一天，蔡和森在店里看书被店主发现。店主当场将书撕烂，还打了他一个耳光。这下激怒了日渐长大的蔡和森，他二话没说，匆匆下楼收拾了行李，然后恨恨地对店主说："我再也不上你们这里来了！"便离开了"蔡广祥"辣酱店，从此，结束了为期3年的充满艰辛的生活。

对蔡和森来说，3年的学徒生活，正是他青少年成长的关键时期。家庭的贫困，繁重的劳动，人世间的冷暖，一方面使蔡和森倍感身心的疲惫，但另一方面也磨练了他坚强的意志，在一定程度上打造了他不怕困难、勇往直前的拼搏精神。这种意志和精神贯穿于蔡和森一生的学习、工作和生活，令人难以忘怀。

蔡和森自作主张不再当学徒，使得蔡蓉峰原来指望儿子"出师"经商挣钱的希望成了泡影。他恨儿子太不争气，气愤地举起旱烟袋要打蔡和森，还是母亲心疼儿子，对丈夫说："孩子不是做生意的材料，不要硬逼他做他不想干的事情！"在妻子的劝解下，蔡蓉峰想到了自己也不擅长经营，便答应了不再硬逼儿子的要求。

蔡和森迫切要求上学，认为只有读书才能不受人欺压。可是，家庭经济困难，供不起他的学费。后来得到母亲的支持，把一些家产变卖，才进了永丰国民初等小学读书。这时，蔡和森已经16岁，被编入三年级。有的同学讥笑他为"太学生"，他毫不介意，一笑置之。由于他读书刻苦用功，一个学期后就跳级考入了双峰高等小学。

在高等小学读书时，蔡和森的各科成绩优异，尤其是作文深得老师和同学们的赞赏。他还十分注意关心时事，联系自己3年的学徒实践，去思考更多的社会问题。他把宋代范仲淹在《岳阳楼记》中所写的"先天下之忧而忧，后天下之乐而乐"的话抄写在国文课本上，作为自己的座右铭，借以鼓励和鞭策自己。他少年时代就养成的这种勤读书、善思考、爱作文的习惯和特点，为他后来从事马克思主义经典著作的传播、评介和撰写有关中国革命斗争的大量著述，奠定了一定的文化理论基础。

也正是在1911年,发生了20世纪中国历史上的第一次巨变——辛亥革命。湖南作为全国第一个响应武昌起义的省份,对辛亥革命起了重要的推动作用。蔡和森从老师那里了解到了一些革命党人的事迹,心里非常激动,特别是对孙中山和湖南人黄兴等资产阶级革命领袖十分钦佩,认为是自己效法的楷模。不久,孙中山领导的南京临时政府颁布了国人限期剪辫子的通告。可是,一年多的时间过去了,在永丰一些封建遗老遗少的把持下,不少人头上仍然留着辫子。剪不剪辫子,当时的意义不在于一种发型风俗的变化,而在于是否认可和支持资产阶级革命党人的反清斗争。那时,一个叫陈树人的同盟会员从外地回到双峰老家,路过永丰镇。镇上的老百姓见他头上没有辫子,大为惊异,甚至有人讥笑他为"陈和尚"。蔡和森受此启发,觉得应该以实际行动支持辛亥革命,当即剪掉了自己头上的辫子。他因此也被称为"小和尚"。可是,他顾不了这些,极力劝说家人和同学剪辫子。

蔡家的这种勇敢的剪辫子行动,对于推动永丰镇群众冲破封建习惯势力的桎梏,开展反清的剪辫子运动,发挥了重要的作用。

二、长沙求学

辛亥革命的时代浪潮,虽然给永丰镇带来了一点儿进步的新风气,在蔡和森就读的学堂也曾热闹了一阵子,但没有过多久,永丰也和许多村镇一样,一切都恢复了原样。这使得具有强烈求知欲和进取心的蔡和森感到失望,他决心到省会长沙去开阔视野。

1913年春节刚过,葛兰英私下把嫁妆典当,换取盘缠和学费,支持蔡和森到长沙去求学。18岁的蔡和森同二表兄葛光宙从永丰出发,步行180多里,经湘乡到达湘潭,然后搭乘小火轮沿江而下,来到长沙。这里是湖南省的政治、经济和文化中心。湖南本来是个闭塞落后的省份,但到近代已成为南北交通的要冲。从19世纪70年代以来,省会长沙就成为维新与守旧、革命与改良、光明与黑暗之间斗争最激烈的地方之一。

蔡和森与表兄葛光宙先在长沙北门附近的湘乡会馆落脚。会馆内住的大部分是学生，半年前毛泽东就曾住过此馆，过着在湖南图书馆的自学生活。这时蔡和森同其他学生一起忙着选择什么样的学校读书。

正在蔡和森犹豫之时，有一个湘乡同学给他详细介绍了湖南铁路学校的情况，他决定到这个学校去试一试。

湖南铁路学校的前身是湖南铁路学堂，是1909年冬由同盟会员龙毓俊等人创办的，主要任务是既为本省培育筑路人才，又作同盟会员的掩护之地。辛亥革命后，革命党人在铁路学校里从事革命斗争更加频繁，学校里的革命气氛也相当浓厚。

当时学校明文规定，所有考生都要有高小毕业文凭才能报考。蔡和森在双峰高等小学只读了一年，当然没有文凭，因此主持报名的老师便不同意他报名。一般的考生很可能因此就作罢，不去争辩。可是，倔强的蔡和森不服气，当场就和老师争论起来。他大胆地问道："你们学校招生是凭学业成绩，还是单凭一纸证书？"老师回答："当然要凭学业成绩。""既然要凭学业成绩，为什么不让没有毕业证书的学生报考？"老师无言以对。接着，他向老师详细谈了自己过去的情况，终于得到了老师的同情和理解，答应让他报考。

就是这样一个没有文凭的考生，他的作文试卷被评卷教师判了100分，并插上标记，在评卷教师中传阅。教师们都认为他的作文构思新颖，见解独特，文笔酣畅，书写刚劲有力，超过了录取标准。为了嘉奖他，一致同意给他105分。蔡和森报考的其他几门功课的成绩也是优秀。这样，他便以"优等生"的名义被学校录取了。

铁路学校开设有数理、建筑、机械和营业等课程。蔡和森珍惜学习机会，认真对待各门功课，并且成绩都很好。他一边学习，一边十分关心时局的变化。1913年孙中山等人领导的"二次革命"爆发。湖南响应，宣布独立，反对袁世凯。对此，蔡和森以"击楫中流之楫，挥刘琨待旦之戈，殄灭凶残，铲除专制"的豪迈词句激励自己，表达了讨伐民贼和效命疆场的抱负。同年8月湖南取消独立，北洋军阀卷土重来，学校停办。只在铁路学校学习了半年的蔡和森，无奈又回到了家乡。

蔡和森回来后，家境更加困难。父亲蔡蓉峰无正经营生，坐吃山空。为解燃眉之急，他竟然许诺别人，将小女儿蔡咸熙（蔡畅）以收500块银洋为代价去财主家做童养媳。蔡母坚决反对，蔡和森兄妹更是愤慨不已。为此，蔡蓉峰夫妇发生了激烈的争吵。暴怒的蔡蓉峰竟然持刀要砍杀葛兰英母女。经亲友和邻居的极力劝阻后，这场卖女儿风波才告平息。蔡和森目睹父亲思想陈旧，行为乖张，大失所望；同时，他又十分同情母亲和妹妹。他为了摆脱父亲的纠缠，只有带领母亲和妹妹，远走高飞，谋独立的职业，自食其力。

1913年秋，葛兰英跟儿子蔡和森、两个女儿庆熙和咸熙以及外孙女刘千昂，一家三代五人，离开了永丰，踏上了前往长沙求学、求生存、求发展的漫漫征途。为了筹足去长沙的旅费和一段时间的生活费用，葛兰英不顾丈夫的强烈反对，将永丰镇上的铺面卖掉了。蔡庆熙也取出自己的全部积蓄。

他们一行五人抵达长沙后，根据各自不同的情况和要求选择了不同的学校。当时，有一所"湖南女子教育养习所"，主要招收具有一定文化基础的妇女入学，授予相关的妇女职业知识和技能。学生毕业后参加工作，在经济上独立，从而实现男女社会地位的平等。这所学校正符合蔡母的情况和要求。因此，她鼓足勇气，专门改名葛健豪前去报考。学校老师从没见过像她那样大的年纪又是小脚妇女还带着外孙女的人来报考，所以，不接受她报名。儿子和森有了上次报考铁路学校的经验，这次他没有同老师争辩，而是应母亲要求，替她写了一份状纸，送到长沙县衙门，状告学校侵犯了公民享有的受教育的权利。县官先看了她的状纸，后又听了她的一番为何要读书的陈述，觉得她是一位了不起的妇女，于是就在状纸上批注了"奇志可嘉"四个字，下令学校破格录取。两年后，葛健豪从该校毕业，回到永丰，在当地政府的支持下，创办了一所女子职业学校，自任校长和教员，为家乡的女子职业教育开创了局面，作出了重要贡献。蔡咸熙进了周南女校初级班，与后来成为她嫂子的向警予同学。蔡庆熙因为文化程度低，先入自治女校缝纫班，后转衡粹女校。她的女儿刘千昂则进入了周南女校附设的幼稚园。蔡家一家三代五口，变卖家产，扶老携幼，结伴求学长沙，在省城一时传为佳话。

蔡和森1913年春就曾有过报考师范学校的打算，这次，他决定报考湖南省立第一师范学校。第一师范是一所免费的公立学校，其任务是培养小学教师。一师当时名气很大。它校舍宽大，图书丰富，施行"民本主义"的教育方针，拥有杨昌济、徐特立、方维夏等进步名师。富裕人家的子弟，一般都不报考师范学校，而是先进入普通中学，再投考大学；只有家境贫寒或因各种原因得不到家中接济的青年，才努力进入师范学校，而且成绩都非常优秀。对于生活贫困的蔡和森来说，一师无疑是一个理想的求学做人的好地方。

不过，一师入学考试很严格。凡报考学生，首先要在县里测验，然后由县里推荐，才算取得了学校统考的资格。为此，蔡和森不得不返回永丰报名。为了顺利通过县里的初试，蔡和森在相关报名登记材料上，他第一次使用了"蔡林彬"这个名字，而不是"蔡和森"这个名字，同时略去了他曾在铁路学校学习半年的经历。经过湘乡县的初试和一师的复试，蔡林彬以优异的成绩被录取，与张昆弟等同学被编在第六班。1914年春，毛泽东就读的第四师范并入一师，编在第八班。他们两人同在一个年级学习。从此，湖南两位杰出的青年才子走到了一起。两人志同道合，英雄所见略同。他们以极浓厚的兴趣钻研文学、哲学、历史；同时，深切关注着社会问题，思考着如何拯救危难的中国。因此，早在五四运动以前，在湖南一师的先进青年中就盛称毛、蔡之名，而奉之为表率。

在湖南一师的读书时期，蔡和森在杨昌济、徐特立、方维夏等名师的言传身教下,博览群书,学业精进,民主改良主义思想十分活跃。在诸多老师中,蔡和森最钦佩最受其影响的老师首推杨昌济,而在众多弟子中,杨昌济最器重最得意的弟子是蔡和森和毛泽东。

杨昌济(1871~1920)号怀中,长沙县板仓人。19岁考取秀才,后在日本和欧洲留学10年,是一位学贯古今、融通中外的知名学者,更是一位爱国心切、诲人不倦的教育家。1913年回国执教于湖南第一师范学校,主要担任修身、教育学和伦理学课程。他的教学处处体现了其读书治学和为人处世的精华。他认为读书治学要"贯通古今,融合中西",要注意理论联系实际,要独立思考,具有批判精神;为人处世要树立远大理想,要精通一门学问艺业,要有坚强意志,要独立奋斗,做一个道德高尚之人。

杨昌济对蔡和森一生的影响是多方面和深刻的,师生间感情非常深厚。蔡和森与恩师的儿女杨开智、杨开慧的交往也从未中断过。

1915年4月,湖南高等师范学校设立了专修科文学部,杨昌济、徐特立等教师转去该部任教。蔡和森一向爱好文史,现在见他非常钦佩的老师都转去那里工作,加上一师课程太多,有些受束缚;此外,毛泽东对一师最大的意见是学校课程太多,共有30多门,以致学生负担过重,毛泽东由此曾几次萌生退学的念头。所以,蔡和森于这年秋天从一师退学,考入了湖南高等师范学校,被编入文史专科乙班,与邓康(中夏)同学。二人关系密切,经常探讨人生,切磋学问。

高师与一师隔湘江相望。一师位于长沙南门外书院坪的"城南书院"旧址,这个书院是南宋理学家张南轩讲学的地方。高师设在湘江南岸的"岳麓书院"旧址,南宋理学家朱熹曾在这个书院讲学。

杨昌济尽管曾留学10年,但他的言行主要还是以中学为主体,国学根基十分深厚。通过他的言传身教,蔡和森对古代的墨子、王船山,对近代的曾国藩、谭嗣同都颇为推崇,并对他们的生平及其思想作过一些研究,受他们的影响较大。

蔡和森童年、少年坎坷的生活经历,使他对当时的社会产生了强烈的不满,渴望过上一种平等自由的生活。而1915年9月开始兴起的新文化运动，高举"民主""科学"两面大旗，对封建主义进行了猛烈的批判，从而极大地动摇了长期占统治地位的儒学。于是，面对极端不平等的现实社会，在少年时代就抱着为"改造社会"的宗旨而读书的蔡和森，在古代思想家墨子那里找到了共同语言，找到了改良社会的药方。

蔡和森认为，墨子是一位杰出的思想家。他十分赞赏墨子的"兼相爱""交相利"的平等思想和"赖其力者生，不赖其力者不生"的反对剥削的思想。他进一步解释墨子所说的"兴天下之利，除天下之害"是天下人过上丰衣足食幸福生活的途径，将"只计天下之大利，不计小己之小利"解释为要以天下为己任，舍小家而顾天下之大家。后来，他把领导俄国十月革命的列宁与墨子相提并论，并明确表示他将"愿则而效之"。可见，墨子对他的影响之深。他还说过："毛泽东也崇拜墨子。"

蔡和森在杨昌济的教导下，认真研究了曾国藩的生平、著述和信札。曾国藩的性格爱好、志趣，有不少符合蔡和森的口味。由于这些，蔡和森发出了对曾国藩的内心崇拜："三年以来，每觉胡林翼之所以不及曾涤生者，只缘胡凤不讲学，士不归心，影响只能及于一时。"曾、胡都是靠镇压太平天国而声名鹊起的"中兴名臣"。但在蔡和森看来，胡林翼的影响"只能及于一时"，而曾国藩的影响却至深至远，其原因在于胡没有自己的思想留给部属和后人，而曾在治学、治军、立法和树人等方面都有个人的理论建树。

蔡和森在阅读了谭嗣同的文章后，改变了对曾国藩的看法，认为他是一位封建卫道士和伪道士，在所谓的"仁义"面纱下隐藏着赤裸裸的"杀戮"之气，从而使得蔡和森在感情上开始同情农民革命。

杨昌济教育和帮助蔡和森，潜心研究伦理学和哲学，探索做人、救国的真谛，用他自己的著作《达化斋日记》《论语类钞》作为教材，以个人的心得来潜移默化地影响学生。

在他的影响下，蔡和森、毛泽东、萧三和张昆弟等学生组织了一个"哲学研究小组"，并邀请杨昌济、黎锦熙作为他们的指导教师。

受老师的影响，蔡和森、毛泽东等人提出："我们要像杨老师一样，坚持冷水浴，坚持各种体育锻炼。"而蔡和森由于患有哮喘病，体质较弱，更要坚持锻炼身体。他们每天清早起床后，就在校内的一个井里打水，洗冷水澡，即使冬天也不例外。他们还经常游泳、爬山，在大风大浪中经受考验。

蔡和森在高师学习时更加勤奋，整天手不释卷。如果他有两个铜板，一定用一个买点儿东西充饥，而留着另一个买书。他的一个老同学回忆，和森"阅读既多又精，而且过目不忘。校里按月发下的一套功课日记本，我领的积压盈尺，而他却不嫌分用"。

这一时期的蔡和森颇为幸运。他不仅遇上了杨昌济、徐特立、方维夏等良师，而且结识了毛泽东、萧子升、罗学瓒、张昆弟等益友。他们一起谈论人生，切磋学业，锻炼身体，磨练意志，探索救国救民的道理。其中，蔡和森、毛泽东和萧子升在同学和校友们中的关系又更进一层，志同道合，时人称之为"湘江三友"。

"湘江三友"不仅切磋学问，交流思想，在生活上也互帮互助。1915年6月，萧子升从一师毕业，当了小学教师，先在修业学校教了一个学期，后转到楚怡学校。萧家的经济状况比蔡家强一点儿，与毛泽东家差不多。这时萧子升有了一份固定的收入，这对蔡、毛来讲也是一种依靠，特别是对蔡和森来讲可以解决燃眉之急。

后来蔡和森从高师毕业一直未找到工作，他便和母亲、姐姐、妹妹及外甥女在岳麓山下的饮马堂租了几间房子住了下来，一家人的生活仅仅靠妹妹蔡咸熙在周南女校任教的微薄收入维持，十分困难。

一次，萧子升在岳麓山爱晚亭找到了正在那里苦读的蔡和森，并征得蔡母的同意，将他接到楚怡学校同住同吃了一段时间。毛泽东也抽空去了几次。由于蔡和森在自己家里常常吃不饱饭，因此，在萧子升那里放开食量饱吃了几顿，以至于萧子升的厨子开玩笑地对他说："你的客人真是大吃家！我常常给他拿半桶饭，他的食量抵得上三四个人呢。"

1915年9月，陈独秀在上海创办了《青年杂志》（从第2期开始改为《新青年》），吹响了新文化运动的战斗号角。它鲜明地树立了民主和科学两面旗帜，以宣扬西方的民主主义和人文主义新思想、批判中国的封建专制文化为宗旨，在中华大地上掀起狂飙突进的态势，揭开了一场思想大解放运动的序幕。

蔡和森等青年学生对《新青年》的了解，首先是通过他们的老师杨昌济的引介。

1916年，杨昌济在《新青年》第二卷第四、五号上发表了一篇名为《治生篇》的文章。欣喜之下，他把这个杂志和文章向心爱的蔡和森、毛泽东等学生推荐，要求他们多看看这方面的新刊物、新文章。以此为契机，蔡和森等人的目光开始转向西方的资产阶级思想文化，开始呼吸新文化运动所释放的"崇尚个性解放""改造国民性"等新鲜空气，成为湖南知识青年中较早认真研读《新青年》杂志的热心读者。

毛泽东1936年曾对斯诺说："《新青年》是有名的新文化运动的杂志，由陈独秀主编。我在师范学校学习的时候，就开始读这个杂志了。我非常钦佩胡适和陈独秀的文章。他们代替了被我抛弃的梁启超和康有为，一时成了我的楷模。"陈独秀、吴虞等人打倒孔家店的文章，李大钊的《青春》《今》等启蒙作品，都是毛泽东、蔡和森、张昆弟等人醉心阅读的好文章。他们经常把这些文章中最精彩的段落抄在自己的笔记本和日记本上，然后加上自己的意见，平时交谈也常是研究这些文章中的问题和观点。

张昆弟在日记中写道：（1917年）9月22日下午，毛泽东、张昆弟在湘江游泳之后，相约来到蔡和森家中。蔡母葛健豪热情接待了他们，做了晚饭给他们吃。当晚，三人畅谈了一夜，所谈内容涉及陈独秀及《新青年》主张的"改造国民性"等。毛泽东说："今之陈独秀其人者，魄力颇雄大，诚非今日俗学所可比拟……革命非兵戎相见之谓，乃除旧布新之谓。"对毛泽东的宏论，张昆弟"甚然其言"，蔡和森更是赞同。

陈独秀主编的《新青年》对蔡和森一生的影响很大。后来，蔡和森等创办的"新民学会"，与陈独秀提出创造"新青年"的想法在本质上都以"改造国民性"为宗旨。至于后来蔡和森为什么选择去法国勤工俭学，他和陈独秀共同主编的中共中央机关报《向导》在栏目设置和有些文章风格方面为什么与《新青年》又极其相似，则是顺理成章的事情了。

三、新民学会

蔡和森在湖南高等师范学校的两年，是他认真读书，集中精力向古今中外探索真理的两年，也是他尝试用新的思想和新的理论去阐释社会问题和寻求解决社会问题的两年。

1917年6月，蔡和森从高师毕业。按照他的师范专业的性质，以及受"教育救国"思想等因素的影响，他曾经有志从事教育事业。他认为，在教育界一则可以结交同仁，培养人才，二则可以广泛地阅读书籍，学习深造，于是，他便决意去当教师。可是，当他热情地联系了几所小学之后，均未如愿。

当小学教师不行，蔡和森退而求其次，又想别的出路。他委托同乡同学王光霞帮他找一个私塾性质的"乡馆"，先把自己安置下来再说。据王光霞后来回忆："1917年高等师范毕业后，和森说要在乡下读书三年，让我替他租堂乡馆占住身子。邀馆一般是春季始业，秋月无从着手。我回信一封，请待明春。"无奈，蔡和森连这个比较低的要求都无法实现。

在经历了几次打击之后，蔡和森也就无心寻找工作了。他索性说服母亲带着姐姐、妹妹和外甥女一起在岳麓山下的饮马堂租了几间房子，暂时在那里安顿下来。

当初和森一家三代从永丰老家变卖店铺到长沙求学所带资本金本来就不多，在4年的时间里，因为生活开支用去不少，到1917年6月，蔡和森高师毕业即失业时，家里更加困难，仅仅依靠妹妹蔡畅在周南女校任教的微薄工资来维持全家人的生活，有时甚至无米下锅，其困苦难以想象。但是他们并没有被困难所吓倒，被生活的重担所压垮，人人都经受了钢铁般的磨炼。

在蔡家五口人中，蔡和森是唯一的男性。不能挣钱养家，不能替母亲分忧解难，这使蔡和森非常内疚难过。因此，每当家里快要断炊的时候，他便将要读的书装在篮子里，跟母亲打个招呼，然后直奔爱晚亭，饿着肚子看书，一整天都不回来。因为读书太用功，太着迷，以致有许多游客在他面前走来走去，甚至笑语喧哗，他也没有注意。

他一方面认真读书，一方面努力锻炼身体，磨砺意志。受杨昌济老师的影响，他和毛泽东、张昆弟等人一样，给自己规定了许多锻炼身体的方法：每天清晨4点半起床，跑步至天马山顶，在一块石头上静坐，闭目养神，到9点半才下山吃早饭。在他的带领下，母亲、姐姐和妹妹也都一起静坐，苦中有乐，别有一番情趣。晚上，他把门板搭在门外走廊上夜宿。

不过，对于静坐法毛泽东并不完全赞同。1917年4月，他在《新青年》第三卷第二号上发表了一篇名为《体育之研究》的文章，明确提出了"文明其精神，野蛮其体魄"的观点，主张增加体育锻炼的强度。他特地组织了一个斯巴达式的团体，蔡和森等十多位同学参加了这个团体。他们取消了静坐法，改行强烈的运动：冒着暴风骤雨登上岳麓山，体会"纳于大麓，烈风暴雨弗迷"的滋味；脚上绑着沙袋跑步和爬山，以锻炼脚力；无论春夏秋冬，每天早晚坚持冷水浴，有时冒着初冬寒风，结伴到湘江游泳；有时还到近郊农村长途旅行，进行挑战身体极限的"忍饥、熬热和耐寒"等锻炼，真正进入了孟子所描述的"天将降大任于是人也，必先苦其心志，劳其筋骨，饿其体肤，空乏其身，行拂乱其所为"的理想奋斗境界。

张昆弟在日记中写道："8月23日，下午渡河至岳麓山下饮马堂民屋，蔡和森租居此也。闲谈后，同游麓山，下山日落，遂宿蔡君家。夜与蔡君谈及日间之生活……蔡君盖锻炼意志身体者也。静坐，练心法也；运动，练体法也。冒风雨，冷水浴，练体法及练心法。大丈夫独患无身耳，体强心强，何事不可为？余知蔡君知所本也。"又一日写道："9月23日，昨日下午与毛君润之游泳，游泳后至麓山蔡和森君居处，时将黄昏，遂宿于此。今日早起，同蔡毛二君由蔡君居侧上岳麓，沿山脊而行至书院后下山，山风大发，空气清爽，空气浴，太阳浴，胸襟洞彻，旷然有远俗之慨。归时11点钟矣。"

毛泽东也曾对这种生活如此回忆："这一切都是在'锻炼身体'这个名字下进行的。这件事情确实对我们的身体有不少的帮助。"

在搬来饮马堂之前，蔡和森常去西牌楼的屈子祠游览凭吊。他非常喜爱读屈原的《离骚》《九歌》《天问》等作品，有时带着外甥女刘千昂，站在草坪上一起高声朗诵，对屈原身处逆境却心忧社稷江山的爱国精神十分敬仰。他把屈原的思想与现实联系起来思考，认为现在虎狼当道，狐鼠横行，社会黑暗到了极点，国家危难到了极点，人民困苦到了极点。他有感于屈原"哀民生之多艰"的忧虑，将屈原的"路漫漫其修远兮，吾将上下而求索"的远大抱负作为自己的奋斗座右铭，发出了"世乱吾自治，匡复有吾在，与人撑巨艰"的豪言壮语。

蔡和森对唐代的爱国诗人杜甫、宋代的爱国词人辛弃疾也极为佩服。据罗章龙回忆，当他和蔡和森等人读到辛弃疾的"醉里挑灯看剑，梦回吹角连营……沙场秋点兵"这些慷慨激昂的千古名句时，"很受感动"。蔡和森赞扬杜甫是一个伟大的现实主义诗人。杜甫因战乱饥寒，虽然自己住的茅屋为秋风所破，但他依然吟唱出"安得广厦千万间，大庇天下寒士俱欢颜"的忧人之曲。当时，蔡和森困居饮马堂，大丈夫报效社会无门，内心苦恼至极。杜甫的遭遇，引起了他感情上的强烈共鸣。

蔡和森一家在饮马堂租居了大约3个月的时间后，于1917年9月16日又迁居到了离饮马堂4里的刘家台子。

刘家台子位于岳麓山下的两里半，是一座墓庐式的青砖瓦屋，门外有株两人才能合抱的大枫树,左侧有几株苦楝树,屋前的小草坪中隆起一座古坟。因为这一点不太吉利,所以一般人家不会选择在此租住。然而,对蔡家来讲,可能这里房租较为便宜,四周环境十分安静,适合于读书学习。

当时,蔡和森对史学的研究较多,并独立思考,提出了许多独到的见解。第一,他认为研究历史的目的在于弄清"中国自古至今之风俗,其间变迁之事实,及不常变之真理"。第二,他认为中国长期以来"无一部完全之史书,所谓二十四史及通鉴等史书,所载多天子、卿大夫之事",很不合理,很不全面。有鉴于此,蔡和森遂"拟从省志、县志等书,一一考察之,以平民社会之事为主,成一史书"。第三,受梁启超等资产阶级维新派的影响,蔡和森也将开发民智作为文化教育和历史教育的主要任务之一。他认为由于"中国文、言不统一"影响到了文化知识的普及和民智的培养,所以,他立志"研究文、言统一之法,以谋社会民智之事"。

通过广泛地阅读古今中外历史书籍,蔡和森开始寻找到了历史的不常变之真理——"伸张民气""除暴君",从而在思想上闪烁着朴素的进步历史观,这从他在1918年7月以后写的一首诗中集中地反映出来:

君不见,
武王伐纣汤伐桀,
革命功劳名赫赫。
君不见,
詹姆斯被民众弃,
查理士死民众手。
路易十四招民怨,
路易十六终上断头台。
俄国沙皇尼古拉,
偕同妻儿伴狗死。

民气伸张除暴君，
古今中外率如此。
能识时务为俊杰，
莫学冬烘迂夫子。

从1915年以来，以蔡和森、毛泽东、萧子升、张昆弟等为首的一批同学挚友，常常聚集在一起研究学术，交流心得，尤好谈论古今中外历史，臧否人物，畅说个人前途。随着时间的推移，学术的拓展，志向的立定，这批志同道合的学子们迫切地感受到过去那种松散的不定时、不定点、不定人的交流活动方式，已经适应不了形势的发展，需要有一个较严密的组织取而代之。

聚集在"湘江三友"周围参加讨论的大约有15人左右，讨论的主题是"个人及全人类的生活向上"，以及"如何使个人及全人类的生活向上"，讨论约在百次以上。这样，经过将近一年的酝酿、讨论，蔡和森、萧子升、毛泽东都认为现在国家时局岌岌可危，"国家兴亡，匹夫有责"，于是，组建一个进步团体时机成熟了。

1918年4月14日，中国共产党早期胚胎之一——新民学会，在刘家台子蔡和森家里正式宣告成立了。新民学会是五四运动前成立最早的进步学术团体之一。在成立的那天，蔡和森的母亲、姐姐、妹妹从早饭后就动手洗菜、淘米、煮饭、烧菜，为新民学会的会员们准备了一顿丰盛的午餐，妹妹蔡咸熙还用自己的工资买来了橘子招待大家。

参加成立大会的共有13人：蔡和森、萧子升、萧子暲、何叔衡、毛泽东、张昆弟、叶兆真、陈赞周、邹彝鼎、邹蕴真、陈书农、周明谛（以上皆一师同学）、罗章龙（长沙长郡中学毕业的学生）。

成立大会开了大半天的时间，主要议程有：

第一，制定了学会的章程和纪律。首先，大会讨论和通过了由邹彝鼎、毛泽东二人起草的学会章程。章程中关于学会的宗旨是："革新学术，砥砺品行，改良人心风俗。"塑造新的国民，会员应该是"新民"的代表人物。其次，规定了新会员入会，必须要有5人以上的介绍人介绍，并得到半数以上老会员同意才算有效；在纪律方面，规定会员必须严格遵守道德上和生活上的5条戒律，即不虚伪、不懒惰、不浪费、不赌博、不狎妓，如果"会员有不正当行为，及故违本简章者，经多数会员之决议，令其出会"。从学会章程、纪律的内容看，可以明显地感觉到新民学会受到新文化运动的影响较大。提倡新文化，反对旧文化；提倡新道德，反对旧道德，是新文化运动的两项重要内容。而这在新民学会的宗旨"革新学术，砥砺品行"中得到了充分的展示。

第二，建立了学会的领导机构，选举了领导人员。大会决定学会的领导机构为"评议会"，负决策和日常工作之责任。通过民主选举方式，选举萧子升任总干事，毛泽东、陈书农为干事。

第三，讨论了会员的发展问题。

吃罢午饭，大家来到湘江边的沙滩上，继续开会、座谈。当时，天气晴朗，江水波光粼粼，两岸碧草如茵，春风拂面，令人心旷神怡。这第一批13名会员都具有强烈的爱国心和积极向上的奋斗精神，都是品学兼优、胸怀青云之志的青年。他们不愿意庸庸碌碌地度过一生，都希望能对社会对国家有所作为、有所贡献。所以，不少人的目光不仅仅盯着湖南，而且还放眼于中国，甚至世界。蔡和森等人从师范学校毕业后，找不到工作，也就没有生活上的出路，只能困居岳麓山，发愤自学，希冀另谋出路。考虑到此点，蔡和森是主张向外发展最积极的一个，出省出国都行。下午，会议结束。

新民学会成立之时，杨昌济尚在长沙，看到他的学生抱成一团，立志向上，他欣慰地笑了。不久，他应蔡元培之聘，出任北京大学教授；但他仍然关心和支持新民学会的发展，直至两年后病逝于北京。

4个月后，罗学瓒、李维汉、周世钊、陈昌、熊楚雄（熊瑾玎）、熊光楚、傅昌钰、曾以鲁、彭道良等9人加入了新民学会。后来，不断有刚毕业的学生和小学教员加入进来。到五四运动前夕，会员发展到七八十人。有着强烈反帝反封建思想的进步女青年向警予、蔡畅等人，也都先后加入进来。

新民学会成立前后,23岁的蔡和森与25岁的毛泽东两人沿着洞庭湖滨做了一次社会调查,当时称之为"游学"。

蔡、毛等人都不是只读死书的青年,而是主张既要善于读死的书本,而且还要善于读活的书本,就是要善于读社会这一大本"无字之书"。因为他们既已立下"革新学术,砥砺品行,改良人心风俗"的奋斗目标,那么,就必须深入社会各层面,调查研究,寻求改造社会的途径和办法。

蔡、毛游学之前的1917年暑假,毛泽东曾与萧子升,历时一个多月,游历了长沙、宁乡、安化、益阳和沅江等地,经过了许多市镇和偏僻的农村,了解到农民和其他阶层的生活以及社会的风土人情。他们遇上机关、学校和商店就写副对联送去,接受一点儿馈赠,解决肚子问题。这次游学学到了许多从书本上学不到的东西,在身体、意志和待人接物等方面都得到了锻炼。他们在"游学"途中写的笔记,被一师同学争相传阅。于是,"身无半文,心忧天下"这八个字后来就一直成为人们对毛、萧两人的一种赞誉。毛泽东还将"游学"的经历和感受写成通讯,投寄《湖南通俗日报》发表,反映不平等的社会制度问题,以期研究和解决。

有了毛泽东这次"游学"经历,所以蔡和森与毛泽东的1918年春夏之交的"游学"就比较顺利。当时,因军阀张敬尧在一师驻扎一个旅的军队,学校正常教育秩序被打乱,所以,毛泽东邀蔡和森外出"游学"。一天,蔡和森和毛泽东稍做准备后,即从刘家台子的蔡家出发。临走前,蔡和森对母亲说:"我们过几天就回来。"他们也没有什么钱可携带,只是各带了一把雨伞和简单的衣物,穿着一双草鞋就上路了。

他们沿着洞庭湖的南岸和东岸行走,先后到过湘阴、岳阳、平江和浏阳等地。一路上,他们接触农民,访问学校,参观名胜古迹……

他们在湘阴县参观了一个女子职业学校。创办女子职校本身是一个开明进步的举措,但由于整个社会尚未完全开化,男教师都不屑到该校任教。所以,这所女校的男教师没有一个是年轻的,全部是长着长长胡须的老先生。毛泽东在参观后的感想中说:"胡子的作用真大呀!"

半个月后,他们结束了这次难忘的"游学"。当他们全身污黑却精神抖擞地回到蔡家时,蔡母惊奇地问:"你们走了这么久,也没带钱,在外面怎么过的?"蔡和森说:"润之会写字,替人写副对联,人家就给点儿酬金。遇到一些私塾,就进去问私塾先生,你是怎么教学生的?我俩还和他们讨论古今教授法的优劣。聘请私塾先生的主人和私塾先生看到我们通诗书、有见解,转而以礼相待,晚了留宿,食之以酒肉,走时还送点儿钱。总之是'到一处,吃一处'。"

经过这次"游学",蔡和森有感触地对母亲和妹妹说:"我俩在'见人说话,遇事帮忙'的八个字之下,得益不少。我想只要乐于助人,走遍天下也不难了。"据萧三回忆说,浏阳陈绍休家门口还活着的一棵大树,就是当年毛泽东、蔡和森游历时栽下的。

这次"游学"的经历,使蔡和森、毛泽东加深了对社会的了解,尤其是对黑暗社会的了解。加之他们接受了小路实笃的新村主义、柯尔的工读互助主义,所以决定试验"新村"生活。

新村主义主张人人劳动,提倡协力的共同生活,借此尽了各人对人类的义务,公平合理,也可以赞美个性的同时,发展共同的精神。

1918年6月,毛泽东从一师毕业,找不到好的出路。于是,蔡和森便邀毛泽东、张昆弟等人搬进岳麓山书院半学斋(湖南大学筹备处),试验建立一个人人平等、共同劳动、和睦生活的"新村"。他们每天自己挑水、拾柴、做饭、吃蚕豆拌饭,过着一种苦行僧式的生活,自得其乐。

然而,令他苦恼的是,他们走遍了岳麓山下的小镇和村落,就是找不到一块不属于地主、财主的土地,更何况他们几个书生又怎么能抗拒列强的侵略和封建军阀的统治?因此,蔡和森等人试图建立一个"世外桃源"的"新村"生活很快就失败了。

这次失败并未使蔡和森等人气馁。后来,他们又重拟建设新村的计划,并在《湖南教育》月刊上公开发表:"新社会之种类不可并举，举其著者：公共育儿院、公共豢养院、公共学校、公共图书馆、公共银行、公共农场、公共工作厂、公共消费、公共剧院、公共医院、公园、博物馆、自治会。"他们回顾近年来建设新村的"计议"，认为只有"合此等之新学校、新家庭及旁的新社会，而为一新村"，才是"新村"的"根本思想"。可惜的是，建设新村的计划又宣告失败。他们认识到这种"乌托邦"式的理想是无法实现的，只好放弃了这种打算。

四、向外发展

此时，已应聘在北京大学任教的杨昌济来信，转告了正在北京组织赴法勤工俭学的情况。

原来第一次世界大战时，法国政府曾在中国招募了十五六万人去为战争服务。到战争快结束时，法国政府仍然在中国招募工人。这时，先后在法国居留过的蔡元培、李石曾和吴玉章等人，创办了一个留法勤工俭学会，以"勤于工作，俭以求学"为目的，倡导中国青年利用这个机会到法国一边工作，一边求学。他们还和一些法国人士组织了一个华法教育会，蔡元培任会长，李石曾任书记，在华工中进行教育工作。他们回中国后，在北京设立了华法教育会总会，在上海、广东设立了分会，宣传勤工俭学的主张。

杨昌济1918年到北京获悉这一情况后，立即给蔡和森、毛泽东写信，希望他们迅速到北京接洽，为湖南青年寻找一条出路。

这时，新民学会会员正在讨论如何"向外发展"和"如何稳立做事之根本"等问题。杨昌济的来信犹如雪中送炭，为解决这些问题提供了重要的帮助。当时，会员们大都主张向外发展，有计划地派人到世界各重要的地方，尽快吸收新的思想学说。蔡和森是主张向外发展最积极的一个。

蔡和森本来在岳麓山就与毛泽东等人试验过新村主义的工读生

活，虽然失败，但意犹未尽。此时有赴法勤工俭学的机会，对蔡和森那样家境贫寒的知识青年来说，更是绝好的机缘。同时，由于俄国十月革命后苏维埃政权尚不稳定，粉碎国内外敌人进攻的战斗仍在进行，所以，中国的有志青年不可能直接到俄国去。而东欧的德、奥、捷各国又已爆发无产阶级革命，法国正是靠近革命高潮地区的国家，也是新文化运动推崇的欧洲思想启蒙运动魅力四射的国家。这种既做工赚钱，又求学获得新知，还可以就近了解俄国和欧洲革命的赴法机会，可谓一举三得，对新民学会会员极具吸引力。不几天，决定参加的就有蔡和森、萧子升、张昆弟、李维汉、罗学瓒、罗章龙等十多人。1918年6月下旬，学会在一师附属小学萧子升和陈昌（二人均在附小教书）处，正式召开了一次会议，专门讨论此事。讨论集中在"会友向外发展"问题上，认为留法勤工俭学十分重要，应尽力进行。会议决定此事由蔡和森和萧子升"专负进行之责"，蔡和森先行赴北京接洽。

蔡和森于1918年6月23日从长沙乘轮船出发。出发前，他十分自信地对母亲说："三年之内，必使我们团体，成为中国之重心点。并且使妇女界同时进化，是以妹妹有邀友自读之意。"蔡和森的预言为后来的事实完全证实。第二天，蔡和森至汉口转乘火车，25日晚，到达北京。这是他第一次到故都北京。

当船驶过烟波浩渺的洞庭湖时，突遇狂风骤雨。他眺望湖面上汹涌的波涛，联想到久为军阀蹂躏的祖国，想念着志同道合的会友们，禁不住心潮澎湃，思绪万千，即兴吟诗一首《少年行——北上过洞庭湖有感》：

　　大陆龙蛇起，乾坤一少年。
　　乡国骚扰尽，风雨送征船。
　　世乱吾自治，为学志转坚。
　　从师万里外，访友人文渊。
　　匡复有吾在，友人撑巨艰。

忠诚印寸心，浩然充两间。
虽无鲁阳戈，庶几挽狂澜。
凭舟衡国变，意志鼓黎元。
潭州蔚人望，洞庭证源泉。

据他的外甥女刘千昂回忆，这首诗是蔡和森到北京后写在一张照片背面寄回家的。

蔡和森初到北京时，寄住在鼓楼后豆腐池胡同9号杨昌济的家里。杨家房子门口挂着一块用隶书写的"板仓杨"三个字的铜牌子。杨昌济见蔡和森来了，像久别重逢的亲人一样，非常亲热，并把进门左边的一间小房子腾出来，安排蔡和森住下。经杨昌济的引荐，在7、8两个月的时间里，蔡和森先后拜访了蔡元培、李石曾等人，向他们陈述了湖南青年加入赴法勤工俭学行列的迫切要求，请求给予支持和安排。蔡元培也将自己"正谋网罗海内人才"的计划告诉了蔡和森，鼓励他多联络些青年到北京来。蔡和森还拜访了李大钊，读了一些李大钊介绍马克思主义的文章，从中受到教育和启发。接着，他又参加了李大钊、王光祈等人发起的少年中国学会。

少年中国学会是五四运动前夕在新文化运动的大潮中成立的一个进步社团，其宗旨是"本科学的精神，为社会的活动，以创造少年中国"。蔡和森以新民学会会员的身份加入了少年中国学会，表明他此时已具备了双重会员的资格，社会活动范围已由湖南一省而拓展到北京，直接投身于新文化运动。

在北京，蔡和森通过两三个月的奔波，赴法一事收获不小。不过，也还存在一些问题。首先，由于此事尚处在创议阶段，华法教育会和勤工俭学会会址设在方家胡同，两块牌子，一套人马，只有一间办公室，而且没有固定人员办公。其次，最主要的也是最急需解决的问题是经费问题。赴法每人交通费需几百元，刚到法国后所需的伙食住宿费也必须早作准备。而一般选择勤工俭学的青年，家庭经济条件都比较差，因此，经费问题十分棘手。再次，语言和护照问题。出国前，要补习法文，达到日常简单会话和初步阅读法文报刊书籍的水平。对于这些问题，蔡和森一方面与在北京的杨昌济、蔡元培、李石曾和湖南籍的在京名人熊希龄、章士钊等人协商，同时也频繁地给毛泽东、萧子升、罗学瓒、陈绍休等新民学会会员写信反映情况，商议办法，并大胆地提出了个人的设想。

关于赴法最棘手的经费问题，蔡和森明确提出了解决的方案：

第一，"多人打水，始有鲍鱼吃。"即只有通过广泛地宣传赴法勤工俭学，造成一种声势，才能发动广大青年投身其中。

当时北京有一个赴法勤工俭学的侨工局，最初只准备招收25人到法国，在华工中当教员和翻译。这25名的数量，显然不能满足蔡和森"欲成大组织"的要求。因此，蔡和森主张"万不可以'人数有限'"来打击那些勤工俭学之人，而"当另筹一调剂办法，尽量容收"。经他的观察和深思熟虑，认为如果得到熊希龄和章士钊等同乡的支持，25名的指标是可以突破的。

为了广作宣传，造成一种强大的既成事实的声势，蔡和森在给毛泽东等人的信中表示自己将"再放大其浮词，将青年界全体煽动"，同时希望留在长沙的毛泽东等人也予以积极宣传配合，"空全省之学子以来京"。在蔡和森看来，如果造成一种大声势，那么主办赴法勤工俭学一事者，则骑虎难下，"不好下台"，他们遂"不得不负维持之责"，"不得不乐于维持"，一句话"形势愈大，愈好着手"。

第二，"只要有借，总是一共同借为好。"即为了大家分担借款风险，增加还债的诚信度，减少那些借贷者的种种顾虑，以"团体"的名义借款而不是以个人名义借款，则能较好地解决经费困难问题。

蔡和森在给新民学会会员的许多封信中，都谈及他对借款的设想。

第三，"至于求财，其方亦自多端：（一）遇，（二）访，（三）造。"即除了通过组织"财团"和以团体名义借款解决经费困难外，蔡和森还提出了其他一些办法：待遇仗义疏财之人，主动访求

"成德之好人",积极造就生财之道,如"组织一些人去吉(林)黑(龙江)新疆"等地谋财。

他的这些主张和活动,颇有成效,许多经济困难的赴法勤工俭学的青年,都得到资助。新民学会的会员,则由学会筹到的款项予以补助。

为了更好地筹组赴法事宜,"稳立做事之根基",蔡和森多次提议毛泽东赴京活动。他在给毛泽东的信中说:"至现在情形,杨师自是喜兄来寓,每日可以学习英日文。弟事殊不好为计,故亦望兄来指教。"他在给邹彝鼎的信中也强调指出:"驻京惟有润(润之,即毛泽东)兄最宜,弟则反恐不经济。"的确,当时在北京的蔡和森已就赴法一事初步打开了局面,但仍有许多问题要进一步落实;而且他自己打算是要第一批赴法的,他走后,国内的赴法运动要有人继续主持,因此,他极力赞同毛泽东赴京担此重任。

1918年8月15日,毛泽东、罗学瓒、张昆弟、萧子升等25位湖南青年,由长沙起程经汉口,19日抵达北京。

毛泽东一行抵达北京时,湖南青年先后已到了四五十人,比各省都多。这一情况使得支持勤工俭学的人大为惊讶,都觉得湖南青年很有革命精神。当时,蔡和森不在北京,而在李石曾的家乡河北蠡县布里村联系开办留法预备学校一事。当他听到毛泽东等人到京的消息后,异常兴奋,立即赶回北京,与大家会晤。

第二天,蔡和森向到京的诸会友介绍了赴法留学基本情况和存在的主要问题。由于华法教育会的各项准备工作尚未完全到位,一下子不能安排很多人成行,因而有些人产生了怨言,但也没有办法,只能暂留北京。

由于湖南学生去得多,经杨昌济说服,华法教育会会长蔡元培同意为湖南学生先办一个预备班,共60人。预备班成立那天,蔡元培主持,在方家胡同召开了隆重的开学典礼大会,特邀了一批湖南名流参加讲话。杨昌济在讲话中勉励大家要勤奋学习,努力工作,将来成为国家的栋梁之材。会后，有的报纸进行了报道宣传，其他各省青年也有陆续到京的。

北京生活费用较高，又不容易租到房子，因而预备班分设三处：一处在北京，附设于北京大学；一处在保定，附设于育德中学。这两处是高级班。另一处设在蠡县布里村。随后，蔡元培又同意了毛泽东的建议，就地取材，在北京开始勤工俭学，到长辛店铁路工厂半工半读。何长工等人以及后来由育德中学转去的少数人，到长辛店上午做工，下午学习法文等课程，每月挣得3元钱的生活费。同时，经新民学会会员讨论和推荐，华法教育会任命萧子升为该会秘书，先行赴法作准备。毛泽东进入北京大学图书馆勤工俭学。蔡和森到布里村身兼三职：负责人、教员和学生。

10月6日，由陈绍休、邹彝鼎带领的第二批30位湖南青年抵达保定。蔡和森、毛泽东和萧子升从北京赶来迎接。他们在保定停了3天，白天同育德中学留法高级班的李富春、李维汉、贺果和欧阳钦等人，在公园聚会，游古莲池；入夜，会商初级班到布里村的行动路线。蔡和森当时正患腿病，行走艰难，但他仍然和大家一起于10月10日乘坐一辆用骡子拉的大篷车前往布里村。

布里是一个小村庄，是清廷军机大臣李鸿藻的故乡，李石曾是他的儿子。留法初级预备班所在的布里村留法工艺学校，是当时全国留法预备学校中，建设最早、规模最大的一所学校。它从1917年8月10日呈报北京教育部批准建校，到1920年秋季停办，前后共招收3期学员，累计140多人。该校学制1年，课程设置"以法文、图画及工艺实习为主科，附以中文普通知识"。校方设学董3人、干事1人，负责全面管理；教员有法文教员1人、几何教员1人、铁工教员1人、国文教员2人（蔡和森即其中之一），担负教学和实习工作。学校还设有简易工厂，可以学习锻工、钳工等技能。学生实行半工半读，以便培养工读习惯，为赴法勤工俭学打基础。

蔡和森在布里村学习、工作和生活了半年时间。

作为学生，他学习刻苦。由于他说话湖南口音重，学习法语发音困难较多。为了准确掌握发音,蔡和森曾十几次、几十次地说练。师生都说他"一钻进书本便什么都忘了"。一天晚上,他的头剧烈疼痛,就用毛巾缠住头,左手压住前额,一直学习到深夜,直到同室一位教师"强制"要他休息,他才"被迫"就寝。

作为教员,他治学严谨,坚持教书育人的原则。他在给学生讲授国文时,不仅进行字、词、句和文章结构等知识的传授,而且很注意对学生进行有针对性的启发教育。他讲授《出师表》时,突出地颂扬诸葛亮为刘蜀政权"鞠躬尽瘁,死而后已"的精神,以此启发学生为民族为国家的独立和发展奋斗不息。他关心时局,组织学生读报,讨论现实政治问题。从《新青年》上,他初步接触到了马克思主义,了解到了俄国十月革命的情况。他在授课或讨论中,用深入浅出、通俗易懂的语言,向人们宣传十月革命的伟大意义,对学生具有很大的启发和教育作用。

作为留法初级预备班的负责人之一,他从各方面关心学生的学习、生活。由于该班学生年龄较小,生活上需要专人照料和指导,而他们同北方师生说话听不太明白,这就要求会湖南话的蔡和森多做一些工作。加上蔡和森的年龄也较他们大一些,生活经验多一些,也便于指导。开课一个月之后,冬季来临,这里的气温比湖南低得多,加上学生宿舍不生火炉,许多人冻得全身发抖。这样一来,有部分学生产生了动摇畏难情绪。对此,蔡和森从思想上劝导他们,要他们克服困难,磨炼意志;同时,从自己微薄的薪水中拿出部分钱,托人从北京买来十几条围巾,分给学生围戴御寒。

在紧张的学习、生活中,蔡和森非常重视体育锻炼。当时,学校没有开设体育课。他就利用课余时间带领学生们练习八段锦、跑步和做体操。冬天下雪了,他便领着大家坚持在雪地里锻炼身体。

在布里村,蔡和森还经常深入群众,与他们交谈,了解社会,给村里的群众留下了深刻的印象。

1919年旧历除夕,蔡和森离开布里村,冒着漫天风雪,乘车前往北京，同毛泽东等人再次筹划赴法勤工俭学事宜。

到北京后，蔡和森找到毛泽东等人的住处——景山东街吉安所左巷7号三眼井，与毛泽东、罗学瓒、张昆弟、陈绍林、罗章龙等人住在一起。

这里是一座破旧的小四合院，屋内陈设简单。蔡和森、毛泽东等8人就挤在一张炕上，过着"隆然高炕，大被同眠"（毛泽东语）的清苦而又充实的生活。为了挤出时间学习，他们雇请了一个老大爷帮忙办理伙食，吃的是窝窝头和酸菜，8人共穿一件大衣，大家轮流穿着外出。毛泽东后来回忆这段生活时说："我自己在北京的生活条件很可怜。可是在另一方面，故都的美对于我是一种丰富多彩、生动有趣的补偿。我住在一个叫三眼井的地方，同另外七个人住在一间小房子里。大家都睡到炕上的时候，挤得几乎透不过气来。每逢我要翻身，得先同两旁的人打招呼。"

在三眼井这段时间里，蔡和森同过去一样刻苦学习，努力工作。他和毛泽东一起到长辛店铁路工厂等处，在产业工人中做社会调查，了解无产阶级的劳动和生活状况。有时，他和新民学会的其他会员一起到故宫前漫步，或游览公园，或参观古迹名胜，或谈古论今，生活虽然艰苦，但苦中有乐。

1919年3月，按华法教育会原先的安排，萧子升等人先行赴法打前站，负责勤工俭学的联络安排事宜。蔡和森、毛泽东送走萧子升后，毛泽东即经上海回到了湖南，蔡和森则返回布里村。

5月初，身在布里村的蔡和森听到北京爆发了学生爱国运动的消息后，立即从布里村赶到北京，率领预备班的学生积极参加了反帝反封建的五四运动。他们高举旗帜和标语，游行示威冲到北洋军阀总统府门前，在那里坚持了一天一夜的斗争，迫使北洋军阀政府的总统徐世昌接见了请愿代表，答应拒绝在巴黎和约上签字。

这是蔡和森第一次投入轰轰烈烈的反帝反封建斗争实践。通过斗争实践，他更加认识到了人民的力量是无穷的，积累了一定的斗争经验。

自从萧子升等第一批赴法学生走后，蔡和森赴法的心情愈来愈迫切了。1919年7月，他把北京和布里村的工作做完以后，回到了湖南。

蔡和森从1918年6月离开长沙到北京布里村等地筹组湖南青年赴法勤工俭学，到1919年12月启程赴法的一年半时间里，给毛泽东、萧子升、罗学瓒、张昆弟、陈绍休等新民学会会员写了大量的信件。这些信件后来都刊登在毛泽东编辑的《新民学会会员通信集》中。信件的重要内容，涉及会员的出路、会友的进取和互助、留法勤工俭学、大规模的自由研究、改造社会的手段与目的等问题，对这些问题，蔡和森发表了自己的见解。

第一，从"教育救国"观点出发，他希望会员中能有一部分人从事小学教育，从基础抓起，以"创成湖南之精神"的系统教育。

蔡和森自己当初从高师毕业后就有意做一名小学教员，愿望落空，但他并没有就此放弃重视小学教育的主张。一方面他虽然极力主张会员向外发展，也赞同毛泽东提出的布"阵"策略。他热心筹组赴法勤工俭学活动，是他教育救国思想的一个中心实践环节。

第二，他主张改造黑暗的社会，强调"冲决世界之层层网罗"，"加倍放大列宁"。他致信毛泽东说："大规模之自由研究，最足动吾之心，慰吾之情。"既要"自由研究"，就必须要冲破各种束缚，所以他对以前的言论进行了深刻的反思："前者对于大学之兴味，全在制造友生；对于往法兴味，全在团结工人；二皆不适，亦既耿耿于心。只以事不称意，遂思超脱原计，另辟一路；实则又如网罗，此运思不缜密之过也。"跳出一个网罗，又落入另一个网罗，这使得蔡和森非常苦恼，但他并不气馁，坚定地认为"吾人之穷极目的，惟在冲决世界之层层网罗，造出自由之人格，自由之地位，自由之事功……"

第三，他提出对新民学会会员的发展要加以规划和引导，稳妥地处理好"学""才""财"三者之间的关系，"非学无以广才，非才无以生财"。只要每个学员都尽心努力，那么，"三年之内，必使我辈团体，成为中国之重心点"。

五、走向世界

1919年5月,蔡和森接到先期去法的萧子升来信,说他多次到巴黎一家中国人开的豆腐工厂,与厂方谈妥,该厂可以接收"几位中国女工,工价与法女工一样","今日到,明日便可以入厂工作"。并说:"此时最好由诸兄大家扶助,由蔡咸熙邀同她的女友出来组织。"蔡和森根据这一新的情况,又看到母亲和妹妹积极上进的心情,决定全家赴法。7月,蔡和森带着组织湘绣美术公司的方案,从北京回到长沙,同母亲、妹妹商量全家赴法的问题。为了使妇女赴法勤工俭学造成声势,他要妹妹蔡畅写信给向警予,建议她一同赴法,并联名发起湖南女子勤工俭学运动。向警予1918年底曾在北京女高师寻找机会留法勤工俭学未成,后返回湖南溆浦女校教书,等待赴法时机。蔡畅按照蔡和森的意见给向警予去信,向警予喜出望外,毫不犹豫地来到长沙。

向警予回到长沙,住在蔡家,在蔡畅、向警予和在周南女校任教的陶毅努力下,先在周南女校成立了周南女校留法勤工俭学会,并在朱剑凡校长的支持下,开设了法文班,为有志留法的女同学补习法文。她们呼吁当局对女子出国勤工俭学给予支持,解决女子出国的旅费困难等问题。从8月到10月,湖南省长先后批饬湘阴、湘阳、长沙、湘乡四县的知县,给6名女生发放川资或补助津贴。在向警予等工作的基础上,随后,成立了湖南女子留法勤工俭学会,并通过了会章。

对于母亲和妹妹,蔡和森太了解了。当初,葛健豪变卖店铺,和儿子、女儿及外孙女一家三代五口人到长沙求学,其"活到老学到老"的求知精神,不仅获时人赞许,也让蔡和森钦佩不已。她从长沙女子教育养习所毕业后,回到永丰家乡创办了湘乡县第二女子职业学校,为桑梓父老做了许多有意义的事情。她秉性刚直,毅力坚强,关心教育,向往革命,思想进步,所有这些在中国传统的老龄妇女中都是不可多得的。对此,作为儿子的蔡和森不仅打心底佩服,并且为拥有这样一位好母亲而十分自豪。没有母亲的理解和大力支持,和森可能继续当学徒,一辈子做点儿小生意,终老永丰。现在有赴法学习的绝好机会,所以,作为对母亲的报答,蔡和森鼓励和支持母亲赴法勤工俭学。

他的妹妹蔡畅受到母亲和哥哥的影响,也成长为一名了不起的女青年。她敢于打破封建包办婚姻的枷锁,随母兄到长沙求学。周南女校毕业后,她留校任教,以其微薄的收入,支撑全家人的生活开支,从不埋怨。她勤奋好学,性格沉毅,思想进步。如果能成功动员母亲和妹妹赴法勤工俭学,不仅对她们本人大有裨益,开阔其眼界,而且对湖南妇女界能起到一定的示范辐射效应。

不过,葛健豪毕竟已经54岁了,她对青年女子赴法勤工俭学完全理解和支持,但轮到她自己,则免不了顾虑重重:一是家庭经济困难,儿子、女儿赴法旅费尚未落实,自己不该再添麻烦;二是年过半百漂洋过海,身处异国他乡,一旦卧病在床,能否平安返乡?三是自己对法文一窍不通,去法国怎么生活?蔡和森一一说服了母亲。他认为经济困难可以想办法克服,而且还可以发挥母亲刺绣工艺特长找工作赚钱;法国医疗条件较好,有病可以治疗,即使不幸病故,也可以葬入华侨公墓。在清明扫墓时,谁都不会忘记你这样一位华侨中唯一的女性老学生,献上一束鲜花表示敬意,更何况您有儿子和女儿陪伴前行,料想不会有什么大问题!至于法文问题,只要有决心、有毅力,从头学起也不难。

这时,蔡畅和向警予也在反复做葛健豪的思想工作,认为她以如此高龄还希望到外国求学,精神可嘉,这是别人做不到和最令人尊敬的事情,只要有大家在,也一定可以安全回国的。在儿女们和向警予等人的不断劝说和鼓励下,性情刚毅果断的葛健豪终于决定赴法求学。对于蔡母的这一勇敢的行动,社会舆论给予了肯定的评价,大家都称赞她是位"惊人的妇人"。《大公报》刊载的一篇文章中说:"……就中我最佩服的有两位:一是徐君懋恂(即徐特立),一是蔡和森的母亲，都是四五十岁年纪的人，还远远地到法国做工，去受中等女子教育，真是难得哩！"

同时，也有人对此不理解，讥笑她为"老学生"。但她不以为然，反而高兴地说："一个人活在世上，就要活得有意义。我现在和儿女出去留学，将来回国，还想看到革命的胜利呢！"

为了尽量多筹备些资金启程，葛健豪要长女蔡庆熙回衡山婆家要来了400银圆，她个人又向衡粹学校校长黄振坤借了200银圆。1919年12月，她同女儿蔡畅和向警予等人从长沙到达上海。

六、"向蔡同盟"

在此之前的11月4日，罗学瓒从法国蒙达尼公学给蔡和森、毛泽东等人写信，告诉他们在西洋的留学之乐，询问蔡和森等人何时启程赴法。这封信更加坚定了蔡和森赴法求学的信念。月底，他们取得了出国护照。不久，蔡和森也从北京赶来上海。毛泽东由长沙来到上海，给蔡和森一家和向警予等送行。

1919年12月25日下午1时，葛健豪、蔡畅、向警予、李志新、熊季光、萧淑良6名湖南女生，同蔡和森等共30余人，在上海杨树浦码头，乘法国邮轮脱莱蓬号启程。到码头送行的有留法勤工俭学会沈钟俊、全国各界联合会刘清扬、环球中国学生会吴敏于以及同葛健豪有亲戚关系并给予资助的上海恒丰纱厂经理聂云台等数十人。刘清扬后来在回忆中写道："1919年初冬，我满怀热情地跑到海边，为我这些不相识的朋友送行。就是在一次偶然的送别里，我第一次认识了向警予同志，当时和向警予在一起的有蔡老太太、蔡和森同志与蔡畅大姐。看着这远行的一家，尤其是蔡大姐的母亲，以50岁的高龄，竟有追随全家出国留学的壮志，更格外使我敬佩。这一家人亲切和蔼的态度，诚恳朴实的风范，将近四十年来，一直留给我深刻的印象。"

赴法勤工俭学学生大都是穷人子弟，经济比较困难，无钱买中等以上的船票，男生都坐在轮船底层的四等舱，无床铺睡觉，条件极差；女生们坐的是三等舱，有床位可以睡觉，算是很优越了。蔡和森和母亲、妹妹及向警予聚在一起，商量到法国以后的种种打算，探讨中国的前途和命运，对留在国内的毛泽东等好友寄托无限的希望。

轮船沿途经过香港、海防、西贡、新加坡、马六甲、槟榔屿、孟买、亚丁、开罗……经过三十多天的海上颠簸，于1920年1月30日抵达法国的马赛港；2月2日，他们乘车到达法国的首都——巴黎。

他们刚到巴黎时，大家一起住在华法教育会。2月4日，蔡和森同母亲、妹妹及向警予一起游览了巴黎市容，参观了巴黎的名胜古迹。之后，他们来到萧子升信上介绍过的巴黎那家豆腐公司，公司的经理齐竺，是河北蠡县布里村人，1918年蔡和森在布里学法文时，两人有过交往，这次相会，一见如故。齐竺对蔡家母子、兄妹非常热情，还特别向蔡畅母女介绍了中国湘绣在法国畅销的情况，鼓励蔡畅组织会刺绣的女同学从事刺绣，他愿意帮助销售。蔡畅提出安排姐姐庆熙来法到他的豆腐厂做工和刺绣之事，齐竺表示同意。

2月7日，蔡和森和蔡畅等6名女生，根据华法教育会作出的安排，被分配到法国南部距巴黎约200公里一个县城蒙达尼。在布里村已打下法文基础的蔡和森，入蒙达尼男子中学后，以大部分时间学习马克思主义理论和研究俄国十月革命的经验。他"日惟手执字典一册，报纸两页"，以"蛮看报章杂志为事"。葛健豪、向警予、蔡畅、李志新、熊季光、萧淑良入女子中学。她们不懂法文，首先应解决语言障碍问题。她们入学后，花了很多时间刻苦读法文，很快能用法文会话，并借助词典阅读法文版《共产党宣言》等书籍和进步的法文报刊。

1920年上半年，蔡和森、向警予、李维汉、萧子升等酝酿并经国内学会同意，在法国成立了新民学会支会。蔡畅等人就是这个时候在法国正式加入新民学会的。

蔡和森废寝忘食地学习马克思主义理论，有时候还跑去找向警予交流学习心得。渐渐地，随着他们对彼此的了解越来越多，两个年轻人走到了一起。在旧中国，自由恋爱被看做是伤风败俗的事情，但是追求自由、向往新生活的蔡和森和向警予却毫不顾忌这些。他们鄙视这些封建的思想，厌恶那些陈规陋习，向所有人公开了他们的恋爱关系。当同学们知道他们的恋爱并且要结婚的消息时，都为他们送上了衷心的祝福。

1920年5月，蔡和森与向警予在蒙达尼举行了简单的婚礼。举行仪式前，葛健豪想到自己的儿媳平日里衣着简朴，大喜的日子她想让新媳妇漂漂亮亮的，于是给向警予做了一件漂亮的红衣服。可谁知，当她满心欢喜地拿给向警予的时候，却遭到了拒绝："谢谢您的好意，可是我是不穿这样的衣服的，衣服只要简简单单、干干净净就好。"

葛健豪对于向警予的拒绝也许早有心理准备，她微笑着说："警予，今天是你跟和森大喜的日子，我是特地为你准备的，就算是我这个婆婆送给儿媳的见面礼，你就穿一天吧！"

向警予不愿意辜负婆婆的一番美意，只好勉强答应："好吧，为了您，我就穿一个小时，也只穿一个小时。"

果然，婚礼举行了一个小时之后，向警予又换上了平时穿的粗布衣服。婚礼上，有人提议要照一张相片留作纪念，在快门即将按下的那一刻，向警予忽然喊停，并快速跑了出去，过了一会儿，只见一脸笑容的向警予拿着自己平时翻阅的那本《资本论》走了进来："来，和森，我们拿上这个。我们是因为有共同的信仰才走到一起的，未来的人生道路我们还要在它的指引下一起走过！"

向警予的话引发了在场所有人的热烈掌声。有人说："和森，今天是你的大喜日子，你来给大家出个节目热闹一下吧。"

蔡和森不好意思地笑了，他站起来说："好，那我就给大家朗诵一首诗吧，这是我跟警予在来法的途中共同写的，名字叫《向上同盟》。"

蔡和森用饱含激情的声音开始朗诵，在场的人又为他们鼓起了热烈的掌声。

婚后，蔡和森给远在国内的毛泽东写信，告诉毛泽东他与向警予结合了。毛泽东听到这个消息十分高兴，他回信说，"向上同盟"就是"向蔡同盟",这是一件令人兴奋的喜事。

蔡和森与向警予用实际行动打破了旧的婚姻制度,开创了新青年自由结合的先例。

蔡和森在1920年下半年完成了由激进民主主义者向马克思主义者的转变,成为中共早期著名的马克思主义者之一。

他在赴法之前,虽然对马克思主义和俄国十月革命有了初步了解,主张"加倍放大列宁""仿效列宁",但受主客观条件的限制,他对马克思主义和俄国十月革命的真谛并未把握。他抵达法国后,把主要精力放到了学习、研究马列主义和了解各国工人党,特别是俄国布尔什维克党的情况上。1920年5月28日,他致信国内的毛泽东,告知其计划:"我在法大约顿五年,开首二年不活动,专把法文弄清,把各国社会党各国工团以及国际共产党,尽先弄个明白。一面将社会、工团、无政府、德谟克拉西加以研究,一年后兼习说话听讲。"他刻苦学习,在不到半年的时间里,收集和阅读了上百种关于马克思主义和各国革命运动的小册子,并择其重要急需者"猛看猛译"。经过学习和研究,他认识到:"社会主义真为改造现世界对症之方,中国也不能外此。"这样,蔡和森就以"极端马克思主义"为特点,极为鲜明地划清了马克思主义与形形色色的资产阶级改良主义的界限,开始了他由激进的民主主义者向马克思主义的重要转变。

这时,在蒙达尼的新民学会支会内部,对中国革命的前途和出路问题出现了分歧。一派以萧子升为代表的"温和革命派",他们信仰无政府主义,受到改良主义的影响,对马克思主义持怀疑态度;而另一派则是以蔡和森、向警予为代表的"暴力革命派",主张以马列主义思想为武器,掀起一场轰轰烈烈的革命斗争。两派经常因为观点和道路的不同而引发争论。

这年夏天,一个风和日丽的日子,蒙达尼的校园里静悄悄的,此时正值学生们放暑假,空旷的校园里几乎见不到人影。而与此形成鲜明对比的是在学校对面的公园里,一场关于革命应该走哪条路的激烈辩论正如火如荼地开展着。参加新民学会会议的有蔡和森、向警予、李维汉、蔡畅、熊季光、熊淑彬、罗学瓒、张昆弟、陈绍休、萧子升、欧阳泽等会员，应邀参加的有王若飞、袁子贞等信仰马克思主义的青年，共20余人。

蔚蓝的天空中飘着几朵雪白的云彩，阳光透过树叶缝隙洒落在草坪上。夏季的草坪绿油油的，飘荡着青草的香味。这群中国学生团坐在草坪上，时而慷慨陈词，时而认真聆听。会场上分成了两派，展开激烈的争辩。他们个个思维敏捷，出口成章，其中最引人注目的是蔡和森、向警予跟萧子升的辩论。

听过了大家的发言，向警予站起来，走到草坪中间，说："现在时代不同了，我们不能用老一套的方法来拯救我们的国家，资产阶级改良主义的路线是行不通的，我们必须拿起无产阶级的武器，用它来推翻万恶的旧社会。俄国十月革命向我们展示了无产阶级生命力的旺盛与顽强，这种新的阶级必定会带领我们走向一个新世界！"

"我反对！"一个沉重的声音打断了向警予的发言，萧子升站起来，对大家说，"革命不是打架玩命，我们应该尽量减少流血牺牲。我支持无政府主义，马克思主义的观点太激进，并不适合中国的国情。我们为什么就不能走一条温和的道路呢？"

蔡和森当即反驳说："温和主义在中国是走不通的。多少改良派尝试着用温和的手段改造中国，但是都被那些当权派镇压了，因为一旦改造触犯他们的利益，这是他们无论如何都不能容忍的。改良谈何容易！事到如今，只有共产主义才能够救中国！"

"不，我相信只有科学才能够救中国。我们用科学来改造世界，用进步的技术改变我们国家落后的面貌。只有这样，国家才能富强，人民才能从水深火热之中走出来。"萧子升坚持说。

向警予再次站出来，愤慨地反驳道："萧先生，你的科学救国、改良主义、温和主义都是理想主义，这跟我们国家的国情现状根本不符合。如果不具备符合的条件，那么一切都是空想！我们的同胞受封建主义和帝国主义的压迫，我曾经以为依靠教育可以救国救民，可是那么多女学生虽然读了书,但是一样不能摆脱悲惨的命运。她们有的因为受到封建家庭的逼婚,被迫嫁给一个自己从未谋面的人,最后不堪受辱,在结婚的当天含泪自杀;有的小小年纪便被父母强制裹小脚,不仅肢体变得畸形,就连走路也摇摇摆摆;还有一些人,不但没钱读书,连吃饭的钱都没有,她们小小年纪便不得不跟着父母到处讨饭过活。请问光有科学文化知识,又有什么用呢?她们依然会受到不公平的待遇!"

向警予的反驳有理有据,引起了一阵掌声。萧子升被向警予问得一时语塞,他瞪着眼睛气鼓鼓地看着向警予,又看看蔡和森,忽然甩甩衣袖,离席而去。向警予和蔡和森会心地笑了笑。

这场辩论一直持续了5天。在接下来的4天中,以萧子升为代表的温和派逐渐产生了分歧。一部分人认为蔡和森、向警予的理论是正确的,逐渐转变了观点,而另一部分人依旧支持萧子升的理论。

第五天,会议结束,萧子升坚持他的观点,最终带着无政府主义主张回到了巴黎。而蔡和森、向警予并未就此停止这场论争,继续与萧子升写信辩论,还与信仰无政府主义的另一个学生社团进行辩论,借机宣扬马列主义理论。

在国内的毛泽东也关注这场辩论,支持蔡和森、向警予的观点,并去信表示"深切的赞同"。

以蒙达尼会议为标志,蔡和森完成了由一个激进的民主主义者向马克思主义者的转变。

2月11日,蔡和森在法国蒙达尼致信国内的陈独秀。他在信中说:"闻公主张社会主义,而张东荪欢迎资本主义,西方驳论未得见,殊以为憾。和森为极端马克思派,极端主张唯物史观、阶级斗争、无产阶级专政。所以对于初期的社会主义,乌托邦的社会主义,不识时务穿着理想的绣花衣裳的无政府主义,专主经济行动的工团主义,调和劳资以延长资本政治的吉尔特社会主义,以及修正派的社会主义,一律排斥批评,不留余地。"他详细论证了中国爆发无产阶级革命,走社会主义道路的必然性。认为在中国爆发革命,就像"自然力的雷电之爆发一样,所以必然,什么成败利钝都不会顾","群众一旦觉悟,与其为盗贼、土匪、流氓、痞子而饿死、乱死,挣扎扰攘而死,死得不值,毋宁为革命而战死、而饿死,死得光荣"。

七、捍卫权利

正当蔡和森、向警予等留法学生积极投身于共产主义事业的时候,一个坏消息传来:华法教育会发出了与留法勤工俭学的学生们脱离经济关系的通告。

原来留法学生们积极宣扬马列主义,引起了华法教育会的恐慌不安,他们勾结当地政府,对革命学生进行无情的迫害。600多名勤工俭学的学生们生活一天天陷于困境,许多学生失业了,没有工作便没有生活来源。他们没房子住,连吃饭都成问题,能吃到的只有一些黑而硬的面包。面包吃完了,他们就买最便宜的土豆。半生不熟的土豆吃下肚,难以消化,同学们纷纷病倒了。学生们基本的生活都保证不了,更不要说学习了。他们忍无可忍,决定奋起反抗,团结起来进行斗争。

蒙达尼会议之后,蔡和森、向警予二人在学生中的影响逐渐增大。在为勤工俭学的学生们争取权利的斗争中,二人冲锋在最前线,表现出了卓越的组织和领导才能。1921年1月,蔡和森、向警予作为勤工俭学的代表来到巴黎,准备向驻法公使馆提出解决留学生的学费和生活费的问题。

在巴黎的一间公寓里,蔡和森、向警予会合了来到法国勤工俭学、进行革命活动的周恩来。他们与其他学生在一起,为即将在第二天举行的谈判问题展开了讨论。周恩来分析当前的形势说:"北洋军阀政府勾结反动当局,到处刁难和迫害勤工俭学的学生,我们必须进行斗争。这次斗争的过程肯定是曲折而艰难的。"

蔡和森表示赞同周恩来的分析。

不忘初心　缅怀先烈

向警予攥紧了拳头，坚定地说："巴黎公社的英雄们为了自己的信仰连牺牲都不怕，他们一个个是那样的英勇无畏。我们也要向他们学习，为了学生们的利益，为了我们伟大的革命事业，我们也不惧怕流血牺牲！"

"说得好！"周恩来望着这个一脸坚毅的女子，心中油然地产生了一种敬佩，"驻法公使陈箓是一个老奸巨猾的官僚，他为了一己私欲给我们的工作和学习设下了重重阻挠。听说学生们要斗争，他又打报告给北洋军阀政府，要将我们这一批勤工俭学的留法学生遣送回国，以镇压我们的行动。"

向警予拍案而起："太无耻了！既然他要剥夺我们读书的权利，我们就一定要跟他抗争到底。明天我来打头阵，代表留法的学生们向他讨一个公道。"

"不行！"蔡和森站起来说，"警予，明天情况复杂，现场可能会有警察，还会有打手。到时候万一出什么事，你一个女同志恐怕应付不来，还是我们来当先锋吧。"

现场的学生很赞同蔡和森的意见，纷纷表示不能让向警予这样的女同志站在最危险的地方。

向警予摇了摇头，以一种惯有的平静的语气对大家说："大家听我慢慢讲，让我和其他几位女同志做先锋是我想到的一个权宜之计。那些警察和打手看见我们会认为几个女的不能怎么样，他们的警惕性会下降，不会轻易伤害我们，这样既能够保护我们的游行队伍，又能争取时间完成我们的任务，你们说不好吗？"

大家一听有理，当即表示赞同，他们从心底里佩服向警予的机智与勇敢。虽然大家还是不太放心，但是她用坚定的眼神告诉大家，她们一定可以出色地完成任务。

1921年2月28日，蔡和森、向警予、王若飞、李维汉和留法勤工俭学学生革命团体工学世界社的成员，联合留法勤工俭学学生共400多人，在巴黎举行游行示威。他们手持着写有标语的旗帜，高呼"要生存权""要读书权"等口号，高唱着《国际歌》豪迈地行进着，为首的正是向警予。

长长的游行队伍走到中国公使馆门前，向警予和蔡和森等几个男同学为代表，去找躲藏在里边的中国公使陈箓谈判，却被门卫拦在了门口。狡猾的陈箓假意安排他们在花园等候，实际上已经通知了巴黎警察局，并派出了大批人马埋伏在了花园周围。

一脸虚伪的陈箓说："同学们不要着急，你们的要求我会尽量满足，请大家少安毋躁。"说完他便贼头贼脑地溜开了。不料他刚一走，一大群法国警察手持警棍冲了出来，无理地殴打并扣押了部分学生。

如此野蛮的行为激怒了学生们，他们召集了更多的同伴前来示威游行。在学生们的强烈抗议下，陈箓终于招架不住，第二天便让警察释放了被扣押的十多名学生。

这次斗争虽然没有达到原定目标，但迫使公使馆延长3个月发放每人每月5法郎的救济费，华法教育会答应继续为失业学生找工作。后来，周恩来在谈到这次示威游行活动时写道："2月2日请愿使馆之举，主持最力者为某预备学校（蒙达尼公学）中之男女学生……女学生之加入运动，是长男学生之势，壮男学生之气也。"

通过这次斗争，向警予和她的女友们受到了一次严峻的考验，斗志更加高昂。回到蒙达尼后，向警予同蔡畅、魏璧、劳君展、熊季光、熊淑彬等新民学会会员一起，联络其他女生共12人，组成了开放海外大学女子请愿团，并发出致国内妇女界的公开信。针对海外大学规定十分之一的女生名额，信中提出女子应有与男子平等读书的权利等条款。湖南《大公报》、北京《晨报》、上海《时事新报》等连续刊登了向警予、蔡畅、熊季光等12人签名的公开信，在国内外引起了很大的震动，对推动大学开放女禁起了积极作用。

7月，在上海召开了党的第一次全国代表大会，中国共产党正式成立了。周恩来、蔡和森、向警予等人在国外积极筹划，在旅欧勤工俭学学生中发展和建立党团组织。在此过程中，蔡和森在建党理论和实践方面，都做了大量的工作，是党的创始人之一，有着杰出的贡献。毛泽东曾在信中高度评价了蔡和森的建党理论，后在同斯诺谈到党的创始人时，说蔡和森也是旅法支部的创始人之一。

继"二二八"运动之后，1921年9月、10月，又发生了进驻里昂中法大学的斗争。留法勤工俭学学生在赵世炎、蔡和森等策划下，组织勤工俭学学生代表大会来领导这次运动，要求开放里昂中法大学，准许留法勤工俭学学生入学。各地勤工俭学学生推选出以蔡和森、赵世炎为首的116人，组成了入校先发队，分头赴里昂集合，前去占领里昂中法大学；同时，由李维汉、萧子暲、向警予、蔡畅等组成十人团，在巴黎负责联络工作。9月21日晚，入校先发队各自带着行李，有如士兵出征，浩浩荡荡由巴黎直奔里昂。第二天清晨，先发队占领了里昂中法大学宿舍。北洋军阀政府公使馆闻讯后，立即勾结法国当局，派出数百名武装警察，开着装甲车进入里昂中法大学，将他们囚禁在一个兵营里。各地留法学生和华工奋起声援。李维汉、向警予、蔡畅等十人团四处奔走营救，但都没有发生积极效果。蔡和森、李立三、陈毅等104人，被囚禁20多天后的一个深夜，即10月18日深夜，被法国当局武装押上轮船，强迫遣送回国，进驻里昂中法大学的斗争失败。有幸逃脱的赵世炎与李维汉等留下继续领导留法勤工俭学学生的活动。

1921年底，蔡和森归国后不久，即经陈独秀等介绍，在上海加入了中国共产党，并被留在党中央机关工作，积极投身于党在创建初期的各项工作。

同年冬，蔡和森的妻子向警予也从法国回到中国，不久加入中国共产党。

1922年上半年，蔡畅先后在里昂和巴黎做工，赚得的工资，除去吃、住开支外，都用来购买各种马克思主义书报。蔡母葛健豪也不断地刺绣和绘制各种图案去出售，有些绣品、图案可以卖到100法郎，这样既可以解决了自家的费用，还可以补助其他有困难的勤工俭学学生。1922年8月，中共中央决定，正式成立中国共产党旅欧支部。1923年初，蔡畅和李富春结婚。不久，蔡畅加入中国共产党，担任党支部教育干事。蔡母葛健豪因为照顾怀有身孕的蔡畅，继续留在法国。直到1923年秋，蔡畅去了苏联学习，葛健豪才带着外孙女李特特返回中国。

当时，蔡和森夫妇在上海的生活相当艰苦。他们住在公共租界一个筒子楼里，筒子楼的下层是一家卖开水的铺子。这里的环境又脏又乱，黑洞洞的楼梯看起来多年没有打扫过，再加上终年不见阳光，使得整个楼梯阴暗潮湿，有一股发霉的味道。一间很小的屋子，没有什么摆设。他们没有正式职业，经济拮据，生活困难，平日不得不靠朋友和同志们的资助。加上向警予怀有孩子，行动不便，有时还卧病在床，所以，日子过得十分艰难。1922年4月1日，他们的第一个孩子——蔡妮出生了。清贫的生活，更加磨炼了蔡、向二人的斗争意志，促使他们忘我地为党工作。

向警予积极投入到工人运动当中去，撰写了很多关于工人运动、妇女解放的文章发表在各大报刊上，她号召工人运动应该从经济斗争转入到政治斗争中去。

这一年，中国共产党开办了一所培养妇女干部的平民学校。学校缺少一个有经验的教书先生，负责学校工作的王会悟早就对向警予的工作经历有所耳闻，知道她是一位有经验、革命意志又十分坚定的好同志，和其他工作人员商量后，王会悟便来到了向警予家。

王会悟平时见惯了那些留洋的女学生们，一个个洋装皮鞋，讲究得不能再讲究。向警予如何呢？门没关，她礼貌地敲了敲门，伸头向里望了过去，立刻被眼前的一幕惊呆了：一间很小的屋子，被陈旧而残缺的家具填充得满满的，几乎连转一下身子的可能都没有。一个破了角的方桌上整整齐齐地堆放着几摞书和一些手稿。一个穿着土气、不加任何修饰的女子怀里抱着一个熟睡的婴儿，她抬头看见站在门口的王会悟，友善地问："请问你找谁？"

王会悟害怕自己认错了人，问道："你是向警予吗？"

向警予微笑着点点头。

"我是王会悟，负责平民女校工作的。听说你回来了，我代表全体师生来看望你，还给你带来一些材料，想和你谈谈工作。"

向警予立刻放下孩子，连忙让座，然后二人谈起培养妇女干部的问题，谈到学校讲课的事情。

当时，他们的生活已陷入困境，蔡和森的身体一直不好，长期靠吃药维持。一天，向警予刚刚给蔡和森抓药回来，看见丈夫拿着一封信发愣，她体贴地问："和森，怎么了？"

蔡和森犹豫了一下，对她说："警予，我想跟你商量一件事，母亲和妹妹想回国，可是路费不够，希望我们能尽快寄过去一些钱。可是我们经济上也很紧张，从哪里弄这些钱呀？"

向警予心里也很着急，但还是宽慰他说："别急，我们慢慢想办法。"

蔡和森想来想去，说出了自己的办法："前段时间有个书局想买我的《社会进化史》手稿，我拒绝了，现在看可以找他们商量商量。"

向警予听后，难过地说："那是你辛辛苦苦写的讲稿，还要用在课堂上讲给学生听，怎么能轻易就卖了呢？我们一定能渡过眼前的难关。"

第二天，向警予写信给她的家人，借到了一些钱，寄给了远在法国的婆母。可是剩下的钱还是不够维持他们的生活呀！为了不让向警予太为难，蔡和森还是偷偷地将自己的手稿拿到书局卖掉了，但钱并没有一次付清。

在这艰难的日子里，党组织了解到他们的生活困境，总书记陈独秀托朋友让购买蔡和森书稿的书局付清了应付的稿酬，这些钱帮他们渡过了难关。

生活稍微有一点儿起色，蔡和森、向警予便以更大的热情投入到革命斗争中去。

1922年5月1日，中国劳动组合书记部在广州举行了第一次全国劳动大会。出席会议的代表共170多人，代表12个城市。陈独秀、张国焘、蔡和森参加了会议。大会通过了八小时工作制、罢工援助案和工会组织原则案等10个决议案，发表了第一次劳动大会宣言。这是蔡和森回国后参加的第一次重要的会议。会前，根据党中央的安排，为指导中国工人运动的深入发展，陈独秀、蔡和森等人在中国社会主义青年团中央机关刊物《先驱》第七期上，发表了重要的文章。陈独秀的文章是《告做劳动运动的人》，系统地论述了劳动的对象、劳动者与党派、劳动的目标和手段等问题。

蔡和森以"H·S"为笔名发表了两篇文章：《中国劳动运动应取的方针》《法兰西工人运动的最近趋势》。前一篇文章主要阐述了"一切生产手段收归社会公有"的劳动运动的根本目的，"实行阶级斗争与社会革命"的劳动运动的唯一方法，"建筑共同生产共同消费的共产主义社会"的劳动运动的根本原则，以及"早日在中国实行社会革命以促进世界革命，用国际共产主义的资本开发中国的实业"的劳动运动的根本方针等问题。后一篇文章主要介绍了法兰西工人运动的领导组织、斗争目标和手段，指出："现在法兰西的共产党不是如从前一样，专以议院行动为政治斗争的唯一手段的社会党了；法兰西的革命工团运动，也不是专以'总罢工'为经济斗争唯一手段的工团主义了。这就是法兰西工人运动最近的趋势。"对于法国工人运动的了解和分析，蔡和森是有发言权的。两年前，身在法国的他就撰写了约一万字的长文《法国最近的劳动运动》，寄回国内，发表在《少年世界》第一卷第十一期上。

蔡和森的上述论述，为当时正在兴起的中国工人运动的第一次高潮提供了重要的理论指导。

蔡和森在党中央工作期间，还积极从事社会主义青年团的工作。他当时在广州除了参加第一次劳动大会之外，又于5月5日参加了中国社会主义青年团第一次全国代表大会。这两次重要的大会都是中共领导的，为中共二大会议的召开做了一些准备工作。会前，陈独秀等人召开了一次中共广州支部会议。陈独秀在这次会上报告了劳动和青年两大会的重大意义和国共关系问题。蔡和森负责起草大会文件，并当选为团中央执行委员。同时共选出5名执行委员，另外4名委员是施存统（书记）、俞秀松、张太雷、高君宇。团中央执行委员是蔡和森担任的第一个重要的党团职务。会后他又协助编辑团中央机关刊物《先驱》第八、九、十期，并在该刊上发表了6篇重要文章。

八、中共二大前后

《对于时局的主张》是中国共产党成立以来发表的第一个关于时局的主张宣言。这个文献，集中地反映了党的一大以后，中国共产党人对中国国情和中国革命理论初步探索的成果，也反映了共产国际对中国革命的帮助和指导，提出了中国民主革命的重大基本原则，为党的二大会议的召开，作了思想理论的准备。

不过，对于这个《对于时局的主张》，蔡和森仍有不满意之处。他指出"这个文件并未将中国无产阶级及其先锋队的中共的作用完全表明出来"，因为"中国的资产阶级不会有法国革命中法国资产阶级所能起的作用"，"中国是一个半殖民地"，所以"中国工人应联络广大农民和小资产阶级，形成反帝国主义的革命联盟"。

蔡和森的意见引起了陈独秀等人的重视，他同意在召开党的二大时"草拟另一个宣言，来补充前一个文件的不足"。

1922年7月16日至23日，党的二大在上海南成都路辅德里625号召开。出席会议的有陈独秀、张国焘、蔡和森、李达、向警予、王尽美、罗章龙、施存统等12人，代表全国党员195人。李大钊因事没有来，北京小组的代表是罗章龙；毛泽东接到了开会通知，但因故也未能参加；蔡和森以湖南代表的名义参加了会议，并被选为中央执行委员会委员、宣传部长。陈独秀被选为中央执行委员会委员长。

大会还推举陈独秀、蔡和森、张国焘组成了一个宣言起草委员会。起草政治宣言是这次大会的一项十分重要的任务。陈独秀花了两天的时间起草了初稿。当时张国焘与蔡和森在许多问题上看法不一致，蔡和森主张重建孙中山的广东革命政府，张国焘说："在这样英日势力威压之下，如何能组织一个自由活动的革命政府呢？"起草委员会开了好几次会议讨论，蔡和森提出了许多补充和修正的意见。例如，大会发表的宣言中关于中共的性质、作用和如何进行革命斗争的内容，就吸收了蔡和森的重要意见。1922年6月15日发表的《对于时局的主张》说："中国共产党是无产阶级的先锋军，为无产阶级奋斗和为无产阶级革命的党……无产阶级在目前最切要的工作，还应该联络民主派共同对封建式的军阀革命。"二大宣言则进一步阐明了党的性质、党如何发挥先锋作用，并制定了党奋斗的最高纲领和最低纲领。宣言说："中国共产党是中国无产阶级政党。其目的是要组织无产阶级，铲除私有制度，渐次达到一个共产主义的社会。"这是最高纲领，长远的奋斗目标。"中国共产党为工人和贫农的目前利益计，引导工人们帮助民主主义的革命运动，使工人和贫农与小资产阶级建立民主主义的联合战线"，其奋斗的目标是打倒军阀，推翻国际帝国主义的压迫，建立和平民主的共和国。这是最低纲领，即反帝反封建民主革命纲领。

蔡和森的妻子向警予也出席了会议，并当选为候补中央执行委员、党中央第一任妇女部长。一个家庭，出了两个中央委员和两个部长，这在中国共产党的早期奋斗史上是独一无二的。"向蔡同盟"，革命夫妻，当之无愧。

他们的大女儿蔡妮是1922年4月出生的。有了可爱的女儿，这是件值得高兴的事，可是对于一心扑在革命事业上的蔡和森、向警予来说，抚养孩子确实力不从心。夫妻二人经济困难，常常因为交不起房租而被迫搬家，每一次都是找最便宜又最简陋的地方住，更谈不上花钱请保姆照顾孩子。想来想去，向警予决定将女儿交给在长沙的家人来抚养。蔡和森无奈，只得同意这样做。

8月，向警予利用开展工作的机会到了家乡。离开家那么久，她十分想念自己的家人，还有溆浦女校的老师和学生们，一见面都有说不完的话，但也与同学有过争论。离开湖南之前，向警予把女儿交给了五哥抚养。尽管有千万个舍不得，但是为了自己追求的革命事业，她不得不含泪与女儿分离。

1922年9月13日，中共中央在上海创办了第一份公开的机关报《向导》周报,蔡和森担任第一任主编。继任主编为彭述之、瞿秋白。蔡和森主编时间最长,从创刊之日到1925年离沪赴京治病,共2年零8个月的时间;影响也最大,他的名字与《向导》周报紧紧地联系在一起。

在群英荟萃的建党初期,党中央为什么将机关报主编这一重要职位交给蔡和森呢?原因有三:

第一,主观上,蔡和森个人具有强烈的办报宣传的愿望和比较深厚的马克思主义理论素养。

与好友毛泽东一样,蔡和森素来酷爱文史。为了这一志趣,1915年秋,他离开湖南一师考入湖南高师,被编入文史专班乙班,与邓中夏同学,二人经常交流看法。在他青年的成长历程中,梁启超主编的《新民丛报》、陈独秀主编的《新青年》,相继给予了他极大的影响。正是这些极具感召力的报刊使蔡和森初步认识到了舆论宣传的重要性。1918年6月30日,他从北京给毛泽东写信表示:"弟以一面办报一面入学为言。"在以后的几年里,蔡和森又多次给毛泽东、陈独秀写信讨论创立中国无产阶级政党和创办报刊的重要性。1920年9月16日,他从法国写信给毛泽东,主张:"组织一个研究宣传的团体及出版物……公布一种有力的出版物,然后明目张胆正式成立一个中国共产党。"翌年1月21日,毛泽东复信称赞上海出版的《共产党》月刊"颇不愧'旗帜鲜明'",但是李达任主编的《共产党》月刊不是公开出版的刊物,与蔡和森所期望的"公布一种有力的出版物"尚有距离。同年2月21日,蔡和森给陈独秀写信,再次表达了亲手创办一种宣传马克思主义的报纸的强烈愿望。

蔡和森之所以能够成为《向导》的主编,除了个人的强烈愿望之外,更重要的是,他本身具备了许多优秀的素质和品格:坚定地信仰马克思主义,具有较深厚的马克思主义的理论修养;忠诚于党的事业,立志献身革命斗争;洞悉国内外时政,善于观察思考,文笔犀利和长于时评等等;其中,最重要的素质还是他对马克思主义的坚定信仰及其深厚的理论修养。他初到法国时,收集了大量关于马克思主义和各国革命运动的小册子,择其重要急需者"猛看猛译",翻阅了

《共产党宣言》《无产阶级革命与叛徒考茨基》《共产主义运动中的"左派"幼稚病》等著作中的重要章节,并研究了各派社会主义和俄国十月革命的实际情况,成为旅法学生中接受马克思主义和十月革命道路的先驱,初步奠定了建党初期著名的马克思主义理论家和宣传家的地位。

1922年5月,作为团中央执行委员的蔡和森协助施存统主编中央机关报《先驱》,并在该刊发表了《批评"好政府"主义及其主张者》《在封建的武人政治下废督裁兵不可能的铁证》《法兰西工人运动的最近趋势》等6篇重要文章,崭露头角,获得称赞。这次短暂的编辑工作实践,为他后来主编《向导》周报积累了宝贵的经验。

第二,客观上,蔡和森担任主编是当时诸多因素共同作用的结果。主要有两点:

其一,是建党初期的宣传工作需要加强的结果。理论是旗帜,是方向。从中国共产党成立之日起,就高举马克思主义的理论旗帜,重视马克思主义思想的传播,以实现社会主义和共产主义为奋斗目标。然而由于这种原因,曾经主编过《共产党》月刊、对中国早期马克思主义宣传作出过重要贡献的李达,在中共二大落选中央委员后离开中央,使党的宣传工作受到了削弱。而1920年9月改组后的《新青年》仍然在较大程度上保留了原先新文化运动统一战线的性质。陈独秀既要领导全局,又要主编《新青年》,如果再让他专职主编《向导》显然力不从心,必须有一个擅长宣传马克思主义的理论家专司其职。在中央看来,蔡和森具备了这样的条件,因而他成为《向导》主编的最佳人选。

其二,是陈独秀欣赏和信任的结果。陈独秀和蔡和森的交往始于1921年2月11日蔡给陈的通信。来信与复信一起于同年8月1日发表在《新青年》上,题目为《马克思学说与中国无产阶级》。二人的直接交往始于1921年11月蔡和森由法国经广州回到上海,由陈独秀介绍加入了中国共产党,在中央机关从事党的理论宣传工作。在党的二大上,蔡和森当选为中央执行委员,接替李达,主管党的宣传工作。中央决定创办《向导》周报，由蔡和森负责筹办工作。至此，他出任主编，便是顺理成章的事情了。

第三，在出任《向导》主编的问题上，共产国际驻中国代表马林的支持也是一个重要的因素。

马林是共产国际派驻中国的第一个正式代表，1921年6月来华。他在筹建党的过程中非常强调宣传工作的重要性，建议党中央创办一份党报，并就此问题询问李达宣传计划如何展开，大会所决定的要办一个党报的事如何实现。李达对傲慢的马林不满，不愿与马林合作，表示要等陈独秀从广州回来后再说。后来因为经费困难，人手不够，所以创办党报未能实现。不久，马林又主张将内容相近的《新青年》和《共产党》月刊合并，另外再出版一种政治性的周报，但直到4月，这个计划也没有开展。

1922年8月，在党中央两湖特别会议上，尽管蔡和森强烈反对马林提出的共产党员必须加入国民党以建立联合战线的主张，但是在讨论党的宣传问题时，两人的观点却惊人的一致，都认为必须出版一份党的政治周报。在马林看来，蔡和森是一个"影响很大""很能干"的马克思主义理论家和宣传家，是"很好的编辑"。正是基于这种认识，马林不仅支持蔡和森担任《向导》主编，而且积极参与《向导》的筹备工作，以实际行动支持蔡和森。后来，他为《向导》还撰写了16篇重要的文章。

根据5年的统计，在《向导》上发表文章最多的作者是陈独秀，共226篇。其次是蔡和森，仅以他的名字发表的就有134篇，他与向警予以"振宇"笔名合写发表的有36篇。这36篇中，至少有22篇是蔡和森写的。这样，蔡和森的文章篇数就达到了156篇。

在这156篇文章中，大致可以分为五类：第一类揭露帝国主义侵略中国的罪行，号召中国人民反对帝国主义的文章，约有72篇，占总数的46%；第二类揭露封建军阀黑暗统治，号召人民打倒军阀的文章，约有42篇，占总数的27%；第三类宣传国共合作，推动国民党改组和批评国民党妥协的文章，约有21篇，占总数的13.5%；第四类论述工农革命斗争的重要性和热情歌颂工农群众反帝反封建革命斗争的文章，约11篇，占总数的7%；第五类为介绍俄国和土耳其等国外革命情况的文章，约10篇，占总数的6.5%。这种比例，说明蔡和森抓住了近代中国社会帝国主义与中华民族、封建主义与人民大众的主要矛盾，对中国革命的任务、性质、动力、领导权、武装斗争和统一战线等问题，都做出了有益的探索，从而对中国新民主主义革命理论的最终形成作出了重要贡献。作为《向导》主编和优秀撰稿人，他是当之无愧的。

1922年1月，列宁亲自指导下的共产国际，在莫斯科召开了远东各国共产党及民族革命团体第一次代表大会。中国共产党十分重视这次大会，派出了张国焘、王尽美、高君宇、张太雷等14人出席了会议。大会传播了列宁关于民族和殖民地问题的理论，对中共制定反帝反封建的民主革命纲领和国共合作统一战线的政策起了很大的指导作用。

蔡和森虽然没有参加这次大会，但他对大会所确定的中国人民反帝反封建的革命斗争主题十分赞同。他把反映反帝反封建内容的《对于时局的主张》刊发在《先驱》第九期上，并在这期版面的上端冠以"打倒国际帝国主义"的口号。这是在中共所创办的报刊上，第一次公开地提出"打倒帝国主义"的口号，从而标志着中国人民对中国革命的对象、任务的认识发生了质的飞跃。

党的二大完整地提出了反帝反封建的民主革命纲领。蔡和森在《向导》周报创办后，站在宣传反帝爱国思想的第一线，在《向导》上发表了许多重要的文章，诸如《统一、借债与国民党》《外力、中流阶级与国民党》《日本帝国主义与张作霖》《请看英美帝国主义怎样在北京巩固他们雇用的外交系政府》《目下时局与国际帝国主义》《请看外国帝国主义在中国捣些什么鬼》等等。他不仅同资产阶级改良主义学者胡适等人进行笔战，揭示"打倒帝国主义"的重要性和必要性，而且还针对国内外一些亲美的外交官的错误言论，进行了针锋相对的斗争。

反帝必须反封建。帝国主义侵略势力与中国封建势力狼狈为奸，互相勾结。蔡和森把这种密切的关系形象地比喻为一把"连锁"，认为

"民主革命是解除这把连锁（国际帝国主义与军阀）的唯一方法"。

自二七惨案之后，在全国各地发生了多起军阀屠杀工农群众的严重事件，第一次工人运动高潮被迫转入低潮。

针对这些情况，党中央指示蔡和森主编的《向导》周报，在编辑方针上除继续宣传"打倒帝国主义"的口号外，还应增加"打倒军阀"的口号，其具体任务就是号召群众起来，坚决进行推翻直系军阀曹锟、吴佩孚"武人统治"的斗争。蔡和森为此夜以继日地撰写了大量文章，对军阀的阶级本质和罪恶根源进行了尖锐的揭露和深刻的批判，有力地推动了广大人民群众反对军阀统治的斗争。

第一，蔡和森分析了封建军阀产生的历史原因，指出封建军阀是中国革命的对象之一。

第二，蔡和森强调指出，打倒军阀是当时中国人民最迫切的任务和最直接的革命目标，并提出了打倒军阀的主要方法。

九、上海大学教授

1922年10月成立的上海大学是国共合作的产物。当时，为进一步推动国共合作，两党决定在上海创办一所大学，培养一批青年革命干部。

蔡和森一方面主编《向导》周报，另一方面也积极参与上海大学筹备工作。他和瞿秋白、邓中夏等一起与国民党上海执行部负责人胡汉民、汪精卫等人协商，商定由国民党元老、上海执行部中的工人农民部部长于右任担任校长，上海执行部中的工人农民部秘书、《民国日报》副刊《觉悟》主编邵力子担任副校长、代校长，邓中夏担任总务长，负实际责任。瞿秋白担任教务长兼社会学系主任，陈望道担任文艺院院长。社会学系主任李汉俊，社会学系经济地理教授蔡和森，社会学系社会学教授郭沫若，社会学系俄文教授蒋光慈、任弼时，社会学系国际政治教授恽代英，社会学系社会进化史教授萧楚女，社学系生物学教授周建人,美术系国画教授王一亭,文书主任王陆一,校务员王广庆(据《历史资料选编》第30辑,刘永平《国共合作的光辉范例》一文),主要的教授还有张太雷、施存统、彭述之等人。上海大学因为是新办的大学,没有固定的经费,只是在闸北青云路青云里前上海文科专门学校旧校址内,因陋就简,布置了几间教室,校门口挂上了一块"上海大学"的校牌。

上海大学的教授大多数是兼职,各有各的工作,所以授课并不固定。蔡和森虽然讲经济地理,但更多的主讲课程是社会进化史,实际上即是社会发展史。他认真阐述了恩格斯的名著《劳动在从猿到人转变过程中的作用》,并且多次引证《家庭、私有制和国家的起源》中的有关章节。这两部书当时没有中译本,而他讲得生动活泼,引用得当,深入浅出,全系同学都表示欢迎,教学效果很好。听课的开始只是社会学系的学生,后来有许多其他系的学生也来旁听,不但教室座无虚席,而且连窗子外面都挤满了旁听的学生。

据有人回忆,瞿秋白的前妻王剑虹和后来的妻子杨之华以及丁玲、孔德沚、张琴秋等都是当时上海大学的学生。

蔡和森等人的授课赢得了学生们的极大欢迎,但中外反动派则极为恐慌。日本报刊攻击上海大学"是东方共产主义的宣传所,共产党诞生的摇篮。在这所大学里,将会涌出洪水,跳出猛兽"。浙江督军卢永祥属下的淞沪镇守使何丰林对上海大学进行了密切的监视,防范甚严。

后来,上海大学为了让学生了解时局,关心政治,特地增设了一门时事报告课程,由蔡和森、恽代英等人轮流讲演。他们运用马克思主义的基本理论来分析中国革命的形势,宣传反帝反封建的革命道理。上海大学虽然5年后被蒋介石强行关闭,但它的确为中国革命培养了一批革命干部。当时,社会上就有"文有上大,武有黄埔"的说法。

蔡和森在上海大学主讲的"社会进化史"课讲稿,1924年5月,经他整理,由上海进步出版社民智书局正式出版,书名就是《社会进化史》。该书出版后,非常受读者欢迎,很快被抢购一空,以后又相继出版了第二版、第三版。这本书成了当时宣传马克思主义哲学,尤其是宣传历史唯物主义的一本畅销书,甚至到大革命高潮时,许多地方举办农民运动讲习班,还以它作为社会发展史的教材。

十、中共三大前后

为了解决国共两党合作的问题,根据共产国际代表马林的建议,1922年8月29日至30日,中共中央执行委员会在杭州西湖举行会议,专门讨论国共合作问题。陈独秀、李大钊、蔡和森、张国焘、高君宇、张太雷和马林出席会议。会上讨论热烈,意见分歧较大。

马林向与会者传达了共产国际执行委员会的有关指示,特别是共产国际东方部主任拉狄克的指令。指令要求共产党加入国民党,在国民党内开展工作。马林认为这是落实国共合作的第一个步骤,并作了详细解释。

马林的发言得到一部分人的支持,但遭到大部分人的反对。其中蔡和森、张国焘、陈独秀反对最激烈。他们认为"中共党员加入国民党不能与西欧共产党工人加入社会民主党工会一事相提并论,国民党是一个资产阶级的政党,中共加入进去无异与资产阶级相混合,会丧失它的独立性"。为了保持共产党的独立性,他们认为"与国民党建立党外的联合战线是可以做到的",同时"更应注意争取国民党以外的广大工农群众来壮大自己"。据此,他们"要求不接纳马林的主张,并请共产国际重新予以考虑"。然而马林回答说:"这是共产国际已经决定的政策。"

会议经过两天不太平和的讨论,结果,中共中央"为尊重国际纪律,不得不接受国际提议,承认加入国民党"。但是,西湖会议"并未以文字的形式,而是以一种互相谅解的形式"通过的。蔡和森虽然力主党外合作和保持共产党的独立性,但他是组织原则性极强的人,所以表示服从西湖会议的组织决定。会议后不久,李大钊、陈独秀和蔡和森等人首先以个人身份加入了国民党。但是，党内大多数人包括蔡和森对于这种做法仍有疑虑。直到一年以后，西湖会议的决定才得到贯彻。

1923年6月12日至20日，中国共产党第三次全国代表大会在广州召开。马林作为共产国际的代表出席会议。蔡和森夫妇参加了会议。陈独秀代表第二届中央执行委员会作了报告。大会的主要议题是讨论与国民党合作、建立革命统一战线的问题。

在大会讨论中，发生了激烈的争论，而且较之于西湖会议，争论得更加激烈。因为出席的人更多了，而且出席会议的马林与没有参加会议的维经斯基存在意见分歧，而这种分歧势必影响到中国共产党人关于国共合作的认识和决策。

马林、陈独秀、瞿秋白等人认为：中国目前的任务，只是进行国民革命，不是进行社会主义革命；国民党是代表国民革命运动的党，应成为革命势力集中的大本营；中国共产党和无产阶级现在都很幼弱，还没有形成一个独立的社会力量。因此，全体共产党员、产业工人都应参加国民党，全力进行国民革命；凡是国民革命的工作，都应当由国民党组织领导。

蔡和森、张国焘等人在会上针锋相对地对上述观点进行了尖锐的批评，他们的思想受到了维经斯基的影响。维经斯基早就发表文章，认为中国无产阶级力量正在发展壮大，主张在中国建立一个纯粹的共产主义性质的政党，执行"独立于国民党的政策"是最佳选择。他的这些观点在中共三大中再次阐发。

蔡和森是大会发言反对马林、陈独秀最激烈的一个。他说："中国的资产阶级是不革命的，因阶级性使然，所以我们只应与小资产阶级联合。"共产党"加入国民党后应保存党的独立性"，"产业工人是共产党的基础，应留，而不应加入国民党内去"。他的发言"陈述中共组织独立和政治批评自由的重要性"，并引证共产国际过去的文件决议，加以说明。他主编的《向导》周报的确对国民党进行了较自由的批评，从而部分地实践了他在党的三大上的理论主张。

蔡和森等人的观点遭到了马林、陈独秀的严肃反驳，认为"是一种错误的观点"，"浪漫的'左'倾"。

经过两天的激烈争论，大会接受了共产国际关于同国民党合作的指示，通过了《关于国民运动及国民党问题的议决案》《中国共产党第三次全国大会宣言》等文件。对于前一个文件，因为存在着较大的意见分歧，所以在表决时，21票赞成、16票反对、3票弃权，仅以5票的优势得以通过。蔡和森投了反对票，最后表态时沉重地说了一句话："服从多数的决定。"

大会选出了新的中央执行委员会。陈独秀以40票的最多票数当选；蔡和森与李大钊并列第二，以37票当选；陈独秀为委员长。由陈独秀、蔡和森、毛泽东、罗章龙、谭平山5人组成中央局，毛泽东为秘书，罗章龙担任会计，蔡和森负责宣传，并继续主编中央机关报《向导》周报。这些说明，蔡和森并没有因为在会上发表反对意见而影响他在党内的核心地位，相反，他以对党的忠诚和个人的光明磊落行为赢得了代表们的尊重。

蔡和森的妻子向警予在会上也反对蔡和森的观点，他们夫妻会上会下吵得很厉害。向警予在党的三大上继续当选为候补中央执行委员，并任中央妇女运动委员会第一任书记。

为了"促进国民党的新生"，根据马林的指示，陈独秀、李大钊、蔡和森、毛泽东等人在中共三大后"以国民党党员身份"，联名致信孙中山，希望他在上海或广州建立强有力的执行委员会，以期全力促进党员活动和广泛开展宣传；同时，不与军阀各派建立联系，而应联合商人、学生、农民和工人并引导他们到党的旗帜下。7月，在马林的敦促下，陈独秀等人又亲自找到孙中山，再次强调信中的希望和要求。然而，孙中山对此的反应却是冷淡的。他甚至当着马林的面表示了对共产党的不满："像陈独秀那样在他的周报上批评国民党的事再也不许发生。如果他的批评里有支持一个比国民党更好的第三个党的语气，我一定开除他。如果我能自由地把共产党人开除出国民党，我就可以不接受经济援助。"所指的周报无疑是蔡和森主编的《向导》周报。实际上在《向导》上发表文章希望孙中山领导的国民党改弦易张的共产党人除陈独秀外，还有许多，蔡和森就是其中的一个。在国共合作还处在酝酿和初步阶段，共产党人就提出了对国民党的不少批评，这当然是推动孙中山改组国民党的重要舆论宣传，但孙中山不一定全都表示欢迎和接受，故而他讲了上述对共产党不满的一段话。

1923年7月19日，中共中央讨论了共产党人在广州的处境，决定将中央机关迁回它的诞生地——上海。

9月，中共中央由广州迁到上海，在上海闸北区中兴路与香山路交叉的三曾里设立了中央局机关，作为中共中央的办公处所。三曾里的结构是普通的二层楼房子，共有大小八九间房子，对外称三联居，故称三户楼，三户人家是：蔡和森、向警予一户，住楼下后厢房；毛泽东、杨开慧一户，住楼下前厢房；罗章龙夫妇一户住楼上。常在此办公的是党的三大选举的陈独秀、蔡和森、毛泽东、谭平山、罗章龙5位中央局委员，来往的还有共产国际代表马林和维经斯基、苏联外交官及驻沪领事等。

蔡和森等中央领导在三户楼工作了大约一年的时间。他的主要职责是主编《向导》周报，并且几乎为每期《向导》撰写较高水平的文章，揭露帝国主义勾结中国反动军阀压迫人民的罪行，宣传国共合作统一战线政策，歌颂中国人民反帝反封建斗争，使《向导》真正发挥指导国民革命的作用。

在1923年9月以后，蔡和森在三户楼中央局办公期间，他为《向导》撰写的文章约数十篇。由于编辑部人手不够，陈独秀、毛泽东等人参加了编辑工作。

1924年1月20日至30日，中国国民党第一次全国代表大会在广州举行。会议发表了大会宣言，确定了联俄、联共、扶助农工的三大政策，将旧三民主义发展成为新三民主义。会议标志着以国共合作为基础的统一战线正式成立。蔡和森虽然没有出席大会，但他非常关注大会的进展和结果。大会刚结束，他就在《向导》第53和第54期上以

"特载专栏"的醒目字样，全文登载了大会宣言，并撰写了《国民党大会宣言与国民》的评论文章，表达了对大会的肯定态度。他说："凡是中国的人民，对于国民党这次的宣言都是不能故意反对的，都是满意而欲实现的。"他要求国民关注这次国民党的改组和大会的宣言，"自动的思想，不宜再作麻木不仁"，应积极投身国民革命的斗争潮流中去。

统一战线建立后，随着广东革命政府色彩的"左"倾，工农运动的迅猛发展，国民党内的右派分子日益不满。1924年6月，国民党监察委员会邓泽如、张继、谢持向国民党中央执行委员会提出《弹劾共产党案》，借共产党员在国民党内设有"党团"一事大做文章，强烈主张"绝对不宜党中有党"。这一弹劾案被否决后，张继等又发表所谓《护党宣言》，诬指共产党员加入国民党的目的就是要消灭国民党。

为了反击国民党右派的进攻，中共中央于7月2日发出党内通告，要求进行坚决的反击。陈独秀、恽代英、蔡和森、瞿秋白等共产党领袖纷纷发表文章，进行反击。1925年3月12日，孙中山在北京逝世后，国民党右派的活动更加猖獗。为回击，蔡和森撰写了《冯自由派反革命运动的解剖》一文，对国民党右派反革命的原因、内容，和共产党人为什么团结国民党左派肃清内部纷争的必要性等问题，进行了深入的分析，明确指出：共产党人斗争的方略是"巩固左派，扩大左派，攻打右派"，只有通过斗争，才能保持无产阶级和共产党的独立性，才能坚持无产阶级对统一战线的领导，更好地巩固统一战线。

1924年5月至10月，广州暴发了商团事变。它是广州革命政府与广州商团之间的矛盾冲突不断升级，最后不得不诉诸武力解决的严重事件。

蔡和森对广州商团事变密切关注，以《向导》周报为阵地，有计划地组织共产党人发表文章对事变进行评述，阐述中共对事变的态度。在此过程中，《向导》刊载了陈独秀、蔡和森、彭述之、瞿秋白和周恩来等中共领导人的一系列文章，影响很大。

1924年7月，中共广东区委领导了广州沙面数千名工人举行的政治大罢工，持续了一个多月。这次胜利打破了二七惨案以来工人运动的消沉状态，给全国工人运动以极大的鼓舞，工人运动逐渐复兴。

与此同时，各地的农民运动也蓬勃开展起来。

此外，在共产党人的推动下，以学生为主力军的非基督教运动，以向警予、杨之华等为骨干的妇女运动，也都呈方兴未艾之势。

1925年1月11日至22日，中共四大在上海举行，出席会议的代表20人，代表全国党员994人，共产国际代表维经斯基也参加了大会。

中共四大通过了《对于民族革命运动之议决案》《对于职工运动之议决案》，为今后党的工作指明了方向，为以五卅运动为标志的大革命兴起奠定了基础。

蔡和森在中共四大上仍然被选为中央执行委员、中央局成员。为了加强对《向导》周报的领导，同时考虑到蔡和森虚弱的身体状况，中央决定他不再担任宣传部长，而任宣传部委员，宣传部长由彭述之担任。中共四大通过的《对于宣传工作之议决案》，给予蔡和森主编的《向导》高度评价，认为它"立在舆论的指导地位"，成为"本党政策之指导机关"。蔡和森的妻子向警予会后不久增补为中央局成员，负责妇女部工作。蔡和森的妹妹蔡畅后来这样评价当时的向警予："在中国共产党中，警予时常被人称为'向大姐'，或'革命的妈妈'。"

十一、参与领导五卅运动

1925年5月上旬，上海棉纱厂工人为抗议日本资本家取缔工会而举行了大罢工；青岛日本纱厂工人为要求厂方承认工会增加工资也举行了大罢工；5月中旬，上海日本资本家下令开枪镇压罢工工人，打伤10余人，共产党员顾正红被枪杀。5月下旬，青岛日本纱厂资本家勾结奉系军阀枪杀罢工工人8人，重伤10余人，逮捕70余人。日本资本家的暴行，激起全国人民的无比愤怒。中共中央决定把工人的经济斗争转变为反对帝国主义的政治斗争。5月30日，上海学生2000余人在租界内宣传声援工人，号召收回租界，当游行群众集中在公共租界南京路巡捕房门前时，英帝国主义竟命令巡捕开枪屠杀示威群众，当场打死13人，打伤几十人，逮捕数十人，制造了震惊中外的五卅惨案。

第二天凌晨，中共中央在闸北横浜桥附近的一幢老式楼房里，召开了紧急会议，会议决定，由蔡和森、瞿秋白、李立三、刘少奇、刘华组成行动委员会，领导这场反帝斗争。

经过行动委员会的努力，6月1日，上海召开了声势浩大的反帝总罢工、总罢课和总罢市。当晚，为加强对各阶层人民斗争的统一领导，中共中央决定，由上海总工会联合上海学生联合会、各商界总联合会等组成联合战线性质的上海工商学联合会，作为运动的公开指挥机关，并决定将斗争扩展到全国。4日，中共中央创办《热血日报》，由瞿秋白任主编，以便及时传达党指示运动的方针和政策。5日，中共中央发表《中国共产党为反抗帝国主义野蛮残暴的大屠杀告全国民众书》，号召："全国工人们！农人们！一切被压迫的群众，起来，起来：打倒野蛮残暴的帝国主义！各阶级联合战线万岁！中国民族解放万岁！"

6月1日至10日，帝国主义在上海疯狂镇压参加"三罢"斗争的人民群众，打死打伤数十人。英、美、意、法等国军舰上的海军陆战队全部登陆，占领上海大学、大夏大学等学校。然而，上海人民相继有20多万工人罢工，5万多学生罢课，公共租界的商人全部罢市，甚至连租界当局雇佣的中国巡捕也热血沸腾，宣布罢岗。

为了把上海人民轰轰烈烈的反帝运动扩大到全国，中共中央先后派出代表分赴全国各大中城市联络，发动群众，援助上海的"三罢"斗争。不久，五卅运动的风暴席卷全国——北京、广州、南京、重庆、天津、汉口……

五卅运动的反帝斗争高潮，立即在全国掀起了积极的效果，中国工人阶级在反帝反封建斗争中所显示的战斗威力，中国共产党人所显示的杰出的领导和组织才能，震骇了中外反动派，特别是代表大地主、大资产阶级的国民党右派势力感到无比恐惧。8月，国民党著名政治活动家，孙中山忠实的战友和学生廖仲恺在广州国民党中央党部门前被暗杀身亡。与此同时，集中代表国民党右派势力的戴季陶主义也随之出笼。

共产党人从廖仲恺之死与戴季陶主义出笼，看到了革命营垒的分化。这天，瞿秋白坐在狭窄的小竹椅上，吸着烟，思考着风云骤变的国内政治形势……

他对妻子杨之华说："目前最迫切的任务，是反击戴季陶主义的进攻。"

也许是"英雄所见略同"吧，这时蔡和森来到瞿秋白的家里。中共两位理论家在这间拥挤的低矮破旧的小房子里，坐在吱吱作响的小竹椅上，研究着形势，谋划着对戴季陶主义的反击。

戴季陶又名传贤，号天仇。他早年留学日本，参加同盟会，辛亥革命后曾在上海做投机生意。五四时期，他曾研究、介绍过社会主义思想和劳工运动，称赞过马克思主义阶级斗争学说。但是，出于资产阶级的本性和立场，他在工农革命面前畏惧了，退缩了，转而反对阶级斗争，反对工农革命运动，反对国共合作。他发表了一系列言论和著作，宣传他的"主义"。他要求加入国民党的共产党员取消共产党党籍，"做成一纯粹之国民党"，做从事分裂革命阵营的游说活动，说服一些人脱离革命，参加右派营垒。他著书立说，从理论上歪曲孙中山的新三民主义思想，取消三大政策，反对阶级斗争和国共合作。特别是五卅运动以来，戴季陶非常活跃，先后写成《孙文主义之哲学的基础》《国民革命与中国国民党》两本小册子，以他的一套反动理论，对中国共产党和马克思主义学说，对革命统一战线和国民革命进行了全面的攻击。他说："举起你的左手打倒帝国主义，举起你的右手打倒共产党。"一时间，戴季陶的理论成为国民党右派势力反共反革命的理论纲领。他们此唱彼和，交相呼应，把革命形势和思想界闹得乌烟瘴气。

蔡和森说："我看戴季陶的目的十分明确，他这是要取消代表广大工农利益的我党在国民革命中的领导地位,确定所谓国民党的'最高领导原则'来与中国无产阶级争夺领导权。"

"他的理论核心是反对阶级斗争。"瞿秋白点燃一支烟,深吸了一口,喷出来,又吸了一口,又喷了出来,说,"他表现的特点是:借口孙中山先生'大贫小贫'论来否认中国有资产阶级和无产阶级的区别;借口国民革命是联合各阶级党的革命,来宣扬他反对开展无产阶级对资产阶级的斗争;他借用了儒家的'仁爱'学说来解释孙中山的思想,反对马克思主义的经济斗争学说。你说呢?"

"是这样!而且他还把自己打扮成工农利益的维护者,是圣人,要对工农百姓施以'仁爱'。此人无耻,而且恶毒!"蔡和森愤愤地补充说。

"是的,打倒共产党,吃掉共产党,才是他的真正目的。对于戴季陶和他的主义,我们不能等闲视之,这是一面反共反工农的黑旗,是资产阶级同无产阶级争夺革命领导权的思想武器,必须迎头痛击,砍掉这面黑旗。"

"问题是我们党内一些同志还认识不到这一点,我们必须在党的会议上提出来。"蔡和森说。

"对。"瞿秋白点头称道。

蔡和森与瞿秋白谈得很深入,两位青年理论家在这一重大问题上的观点是完全一致的。说话的间隙,瞿秋白拿起铅笔,在一张纸上开列出一组文章题目,递给蔡和森说:"最近,我准备赶写出这些文章来反击戴季陶,你看如何?"

蔡和森接过那张开列有文章条目的纸,只见上面写着《中国的国民革命与戴季陶主义》《义和团运动之意义与五卅运动之前途》《五卅运动之国民革命与阶级斗争》《国民革命与阶级斗争》《国民革命运动中之阶级分化——国民党右派与国家主义派之分析》。

"很好!请你尽快写出来,在《向导》上发表。我也要写。我们还要发动毛泽东、萧楚女、恽代英、彭述之来写。如陈独秀同志有时间，也请他写。"

这天晚上，蔡和森很晚才离去。他离去时，邻居家的鸡已经啼唱了。外边很黑，昏暗的街灯像瞌睡人的眼。两人握手告别，两个瘦削的身影消失在街角处……

蔡和森不仅是五卅运动的主要领导者之一，而且是利用中共所掌握的舆论媒体大量宣传报道五卅运动的主要宣传者之一。当时除他和彭述之共同主编的《向导》周报外，还有瞿秋白主编的《热血日报》、恽代英主编的团中央机关刊物《中国青年》、上海大学主编的《五卅运动专刊》等。这些报刊发表了大量的文章，大造革命舆论，有力地推动了运动向纵深方向发展。

蔡和森在《向导》上刊登了《中国共产党为反抗帝国主义野蛮残暴的大屠杀告全国民众》《中国共产主义青年团为反抗帝国主义屠杀中国市民告全国青年》和共产国际就上海、青岛惨案发生后声援中国革命运动的《共产国际告世界工人农民书》等重要文件。五卅运动爆发后，蔡和森派编辑郑超麟前往上海租界实地采访学生演讲，随即在《向导》第118、119期刊发了郑超麟写的《帝国主义铁蹄下之中国》文章，影响很大。

蔡和森后来评价五卅运动的意义时说："五卅运动，帝国主义说是共产党利用了各阶级的大成功。而此证明共产党的作用，党的政策是运用得很好的。""五卅运动有世界的意义。"

正当五卅运动迅猛发展之际，1925年6月，蔡和森因工作劳累过度，哮喘病复发，病情严重。党中央决定让他去北京治病。这样，蔡和森不得不辞去他担任了两年多的《向导》周报主编。他离任后，《向导》周报按理应由宣传部长彭述之任主编，但当时彭述之因伤寒病住院，因而实际主编的任务就落在了郑超麟的肩上。不过对外的名义，彭述之还是《向导》周报的主编。

蔡和森虽然离任《向导》主编，但他留给《向导》的影响和贡献却是有目共睹的。《向导》继任主编为彭述之和瞿秋白，直至后来被迫停刊，《向导》周报总共存在了近5年的时间。

十二、去莫斯科

五卅运动后，1925年9月，蔡和森出席了在北京召开的中共中央执委会第二次扩大会议。这次会议总结了五卅运动以来全国革命斗争的经验，决定对国民党右派日益猖狂的反动行径，在思想上、组织上采取进攻的政策，以及大力发展中共的组织。会后，蔡和森与陈独秀、张国焘一起，以中国代表的身份，同国民党代表孙科、叶楚伧、邵元冲在上海苏联领事馆商讨国共合作关系问题，揭露了"西山会议派"破坏国共合作的阴谋活动，给予国民党右派沉重打击。

10月，中共中央指示，蔡和森与李立三、向警予一道，从上海赴莫斯科，参加共产国际第五届执行委员会第六次扩大会议。

蔡和森、向警予的第二个孩子是1924年5月出生的，是个可爱的男孩。可是为了集中精力做好党的工作，向警予不得不再次把孩子托付给亲人照顾。

1925年10月，蔡和森一行人乘船从上海出发，到海参崴后转乘火车，几经周折终于到了他们向往已久的莫斯科。向警予进入东方共产主义者劳动大学学习，这是苏联政府专门为国内少数民族和亚洲各国培养干部的一所新式学校，为中国培养出了不少工人运动的骨干。蔡和森则以中共代表团团长的身份驻共产国际。这时已到年底。

1926年2月5日，斯大林接见了蔡和森，询问了中国国民革命，尤其是国共两党合作关系方面的情况。

2月10日，在共产国际执委会主席团举行第六次执委会大会的准备会上，共产国际执委洛佐夫斯基发言说："建议委托中国来的同志起草一个关于中国党的特殊情况和中国工人运动情况的书面报告。"他的建议被会议接受。

于是，根据斯大林的指示和会议的决定，蔡和森迅速写了一个

《关于中国共产党的组织和党内生活向共产国际的报告》，报告长达六七万字。

蔡和森的报告全面系统地介绍了中共四大以后，特别是五卅运动前后，中共中央和地方组织机构、党内生活、宣传工作、五卅运动、国共两党合作和中共与共产国际等方面的情况，其中一个引人注目的内容就是对共产国际提出了尖锐的批评和真诚的希望。

蔡和森对共产国际的批评主要是通过对共产国际或苏俄政府派驻中国的代表马林、鲍罗廷的批评表现出来的，批评的焦点集中在共产国际对中国革命的指导中重视国民党、轻视共产党、忽视工农革命运动等问题，措辞尖锐，态度强烈，有时流露出压抑在内心的不满情绪。

他在报告中指出，共产国际及其派驻中国的代表有意或无意地将国民党视为"中国唯一的政党"。马林到中国一开始就说国民党是"按照集中原则建立起来的无产阶级政党"，要求共产党人马上加入国民党，完全做国民党的工作。鲍罗廷也认为国民党是像英国工党那样"集中的党"。作为孙中山的政治顾问，鲍罗廷把他的工作重心放在国民党方面，这无可厚非，但国民革命不是单靠国民党就能完成的，而是依靠以国共合作为基础的统一战线才能完成的。蔡和森批评鲍罗廷在帮助国民党改组过程中，将国民党"建成为一个庞杂的官僚主义机构"，其工作人员月薪由60元到400元不等（而中共工作人员从上至下月薪仅30元），而且鲍罗廷在广东的军事工作上供给国民党大量的武器和经济援助，而对全国工农运动的组织和发动工作却不闻不问。正是由于马林、鲍罗廷的认识偏差，导致了苏联出版的小册子和报刊中，都"把中国工人运动当成了纯粹的国民党运动"。

与此形成鲜明对比的是，共产国际对中共的轻视。蔡和森指责鲍罗廷"不关心党，认为党是无用的"，"中国工人阶级尚不能登上政治舞台"。他很少听取中共组织的意见，常常"独自解决一切问题"。他不征求中共中央的意见，就调走一些领导骨干，如要瞿秋白去当翻译，"似乎党像给他供应翻译的机关，党简直成了鲍罗廷的工具"。他曾答应在国民党改组后拨给中共50万元经费,但后来没有交代任何原因就扣发了这笔经费。通过事实的对比,蔡和森严肃指出,鲍罗廷"从始至终都不了解中国共产党在这个时期的作用",结果"推行了一条不十分正确的政治路线"。

鉴于这些情况,蔡和森一方面强调"共产国际应加强对中国共产党的领导",增加其派驻中国代表的人数;另一方面又强调"在中国发生各种事件时,共产国际应对事件做出总的估计,提出进一步的方针,决不应等待事件的发生",派驻中国的代表"要改进其质量"。

蔡和森提交的报告,极具针对性,十分及时,为尔后的大会起到了重要的参考作用。

这天,蔡和森拉着向警予的手在莫斯科街头静静散步。从来到这座冰雪城市的那天起,他们便全身心地投入到了各自工作和学习之中,难得有这样的机会,这样悠闲地漫步在街头,欣赏着冬日阳光下异国的风光。

看着低头行走、默不作声的妻子,蔡和森停下了脚步:"警予,想什么想得这么出神?"

向警予没有说话,抬头望望远方,那是祖国的方向,她轻轻地叹了口气。不用说,身为丈夫,蔡和森心里知道妻子在想什么。他轻轻拍打着妻子的肩膀,像安慰孩子般说道:"是在想我们的孩子吧?别担心,有哥哥、姐姐们的照顾,他们会健健康康、快快乐乐地成长起来的。"

向警予抬头望着丈夫,眼睛里蓄满了委屈的泪水,抿了抿嘴巴,什么也没有说出口,一低头,两行泪水顺着面颊缓缓地流了下来。

作为一个共产主义战士,向警予是合格的,她意志坚定,不怕艰险,将一切困难和阻挠踩在脚下。可是作为一个母亲她觉得自己是不称职的,她的一双儿女都不在身边,她没有尽到一个母亲应尽的责任。

记得在国内时,工作太忙的时候,她与蔡和森都会跑到亲人家去探望自己的孩子,尽管时间不多,但每次去,他们都要努力为孩子做些事，洗衣服、做饭，晚上睡觉的时候给孩子唱儿歌。女儿每次见到她都非常高兴，睡觉的时候只要一听母亲唱歌，就会乖乖地闭上眼睛，每当这时候，向警予都会流泪。

想到这些，向警予的嘴角扬起了微笑。她心里每时每刻都惦记着孩子们，思念的情感一天比一天强烈。

蔡和森轻轻擦干了妻子的眼泪，安慰道："我也十分思念孩子们。如何能让他们生活得更幸福，只有靠我们了，结束腐朽的封建制度，建立共产主义制度，让我们的孩子生活在一片洁净的蓝天下。警予，你我肩上的责任重大啊，不仅仅是为了我们的孩子，更是为了全中国、全世界的孩子们。振作起来，为了我们的理想，为了共产主义事业，勇敢地走下去！"

向警予用坚定的目光望着丈夫，用力地点点头。

她在写给亲人的家信中，给孩子们写了一首儿歌：

小宝宝，
小宝宝，
妈妈忘不了！
希望你们像小鸟一样，
在自由的天空飞翔，
将来在没有剥削的社会中成长。

向警予将自己的理想寄托在孩子们身上，她要通过自己的努力，让下一代过上幸福的生活。

1926年2月17日至3月15日，共产国际第五届执行委员会第六次扩大会议在莫斯科召开，来自32个国家的130名代表出席了会议。中共代表蔡和森、李立三和向警予出席了大会。正在苏联考察的胡汉民作为国民党代表也出席了会议。

共产国际执行委员会主席季诺维也夫在大会开幕词中高度赞扬了

中国革命。他说:"在目前的条件下,近一年来,我们兄弟的英国党和中国党取得的成绩最大",中国共产党"已经对具有世界历史意义的中国革命运动起到了决定性的影响……我认为,英国党、中国党这两个比较年轻的共产党,在这一年里完成了巨大的历史性的工作"。

蔡和森以中国共产党的名义向大会致贺词。他在贺词中对共产国际给予了充分的称赞,对中国革命充满了必胜的信心。他说:"中国共产党坚信,在共产国际的领导下,在欧洲工人和农民的支持下,中国人民必将给世界帝国主义以决定性的打击","世界帝国主义伸出了它的魔爪,掠夺和摧残着中国人民,我们准备并必将给它以致命的打击"。会场对蔡和森的贺词报以热烈的掌声。会上,蔡和森当选为大会主席团24名成员之一。

在蔡和森致词后,胡汉民作为国民党中央执行委员也向大会致贺词:"我代表中国人民、中国工人和农民,对有机会出席这次国际代表会,表示感谢。"他说:"我们伟大领袖孙中山的学说,基本上是和马克思列宁主义相一致的","共产国际是大本营,是革命的司令部","全世界共产党万岁!"胡汉民的讲话几次被掌声打断,结束讲话时,全场报以"暴雨般的掌声"。共产国际机关刊物《国际新闻通讯》第6卷第17期报道了胡汉民讲话时的情形,可见,影响的确不小。

胡汉民以一个中国革命者特有的语气,运用了只有革命者才能运用的语言,发表了一篇极具革命色彩的热情洋溢的讲话,这使在场的蔡和森大感不解:共产国际是各国共产党的大本营,胡汉民虽说是国民党的一个重要领导人,虽说现在是国共合作时期,但胡汉民的贺词却以"中国人民、中国工人和农民"的名义表达出来,而且内容竟喧宾夺主,超过了蔡和森的共产党人的革命色彩,岂不奇怪?不过,静下心来的蔡和森对胡汉民的这番政治表演又似有所悟。他对胡汉民是比较了解的。国民党改组后,特别是孙中山逝世后,胡汉民甚至表现得比汪精卫还要"左"。但在对待商团叛乱的态度上却又表现得极端的右。为此,《向导》周报曾专门点名批评他,蔡和森也曾在文章中指责他,希望"汉民先生好自为之",不要对工农群众采取"恶劣的态度"，对商团采取"容忍的态度"。受廖仲恺被暗杀案的牵连，胡汉民被排挤出广州革命政府。但1925年1月底胡汉民到达莫斯科后，却受到了苏俄、共产国际的热情款待。他向共产国际提出国民党应变成工人党，应该加入共产国际，这使得共产国际又对他刮目相看，更加待其如上宾。有了对胡汉民上述言行的了解，再来分析他在大会上的发言，就不会感到奇怪了。

大会设有一个东方委员会，是专门研究中国、朝鲜、日本等东方民族革命问题的机构。2月21日，蔡和森在大会的东方委员会中国分会上作了一个发言。他的发言详细分析了五卅运动前后中国革命的形势和敌我双方的实力，介绍了中国农民和城市小资产阶级的政治立场，展望了革命发展的前景。他认为五卅运动后，中国革命力量具有三个特点：

第一，工人运动和革命力量沿着上升的路线发展。

第二，各种革命力量正在逐步组织起来。

第三，中国共产党人具有充分的组织力量。

最后，蔡和森在发言中提出了影响当前革命的两大难题，请求共产国际研究解决：

第一，中国共产党早就与中国国民党建立了联系，但他认为迄今为止这种联系没有采取固定的形式，国共之间的关系不明确，要求共产国际使之明确下来。

第二，中国共产党过去同整个国民党一道工作，而现在仅仅同国民党左派一道工作；中国共产党过去还不是群众性的党，而现在已成为群众性的党。既如此，那么，中国共产党同国民党的关系应当是怎样的呢？

蔡和森的这个发言，就把他在2月递交给共产国际的报告中所提出的问题，再一次直接摆在了共产国际面前，迫使其作出选择和回答。

蔡和森终于盼来了共产国际包括斯大林的答复。3月2日，大会提出了关于《中国问题的提纲》。《提纲》首先指出了中国革命的历史任务是"为国家的民族独立和使国家统一于全国革命民主政权周围而斗争",认为"中国问题在现时具有极大的国际意义"。然后《提纲》分析了中国社会各阶级的政治态度及其发展趋势,主张加强工农联盟和国共两党的"党内合作"。最后,《提纲》提出了中共近期完成的八条基本政治任务。3月13日,大会又讨论通过了《关于中国问题的决议》。《决议》面面俱到,模棱两可,并没有真正回答蔡和森代表中共所提出的亟待解决的问题。

不过大会还有一个亮点——

当苏联工农妇女代表隆重地向中国妇女代表赠予红旗的时候,向警予昂首阔步走到台上,郑重地接过了这面有着特殊意义的红旗。这不是一面普普通通的红旗,它是全世界妇女解放的象征,全世界无产阶级的团结奋斗、反抗资产阶级剥削和压迫的标志。接过红旗的那一刻,全场掌声雷动,向警予向全世界庄严宣布:"同志们!这面红旗是中国和自由苏联的劳动妇女团结一致的象征,它鼓舞中国妇女在共产党的领导下进行斗争,全世界劳动妇女互相声援万岁!"

蔡和森在参加完共产国际执委会第六届扩大会议之后,被中共中央任命为中共驻共产国际代表。向警予继续到莫斯科东方大学学习。

当时在莫斯科,与蔡和森、向警予打过交道的施益生晚年回忆道:

> 1925年11月我到达莫斯科,进了东方大学……东方大学的中国班共有百余学生。所有的中共正式党员一律被转为苏共候补党员,我也包括在内。中国班又分为中文听讲班和法文听讲班。我被编入中文听讲班,同学约有二十人左右,其中有:施益生(班长)、向警予(女)、罗世文、刘昆(即赵毅敏)、蔡振德、陈醒华、童庸生、邹进贤、吴先清(女)、张士强(女)、郎明钦(女)、侯玉兰(女)、杨子烈(女)、李一纯(女)、王同根、王同荣、徐褐夫、沈

尚乎、黄宝英、郭肇唐……各门课程由老师用俄文讲授，翻译成中文，讲一段，译一段……我们班的译员是曾涌泉、王人达、武止戈、宗孚。

　　向警予同志在我班上经常起带头作用。她辛勤温习，积极讨论，充分发表自己的意见。无论哪门课程的题目，她都心中有数，有她独特、深刻的见解，从不随声附和，人云亦云。特别对于一切原则性的问题，她都旗帜鲜明，立场坚定，毫不妥协，敢于坚持原则；同时她又善于应用马列主义的观点和原理，进行分析、推断，以理服人，使大家感觉到她有道理，确实掌握了革命真理的说服力。例如……

　　向警予同志身体不很健康。每逢有病，都由我陪她去医院，当她的翻译……有两次向警予病重，必须住院，也是我送她到医院，几乎每天都给她送去她所喜欢吃的东西。出院时我又替她去办出院手续。给我印象很深的是，向警予同志即使在重病中，也从不呻吟叫苦，她的革命乐观主义精神使我也受到了感染。

　　蔡和森同志是在1925年至1926年，与李立三、向警予等同志来莫斯科的，他当时是中国共产党驻共产国际的代表。他除参加共产国际执委会第六次扩大会议之外，还非常关心东方大学中国学生的学习情况。按照共产国际东方部的推荐和中共东大旅莫支部刘伯坚同志的邀请，他和李立三同志分别为我们中国班作了几次重要报告。在李立三同志讲了中国职工运动发展史后，蔡和森同志报告了中国共产党发展史。他的报告对我党时间不长然而丰富多彩的历史，作了科学的总结。他分析了我党产生的历史背景，考察了党在中国民主革命各个时期中的斗争历史，捍卫了党的正确路线，精辟地批判了党内曾经出现过的各种错误政治思想倾向，同时他也为我们展示了中国革命的性质和前途，明确指出了摆在我党面前的问题和任务。和森同志的报告，对于我们贯彻理论联系实际的方针，对于我们运用马列主义的基本原理和俄国革命的最新经验，研究和解决中国革命的实际问题，特别是弄通即将到来的第一次大革命的重大问题，发挥了非常重要的作用。

为了更好地学习蔡和森同志的报告，我们班的同学对照整理了大家的笔记，并油印出来，订成小册子。我作为班长，带着这本小册子到中共代表团所住的旅馆，把它送给蔡和森同志校阅。他对我们所做的整理表示非常高兴，没有提出意见。于是，我们就大胆地把这本小册子散发了。也许这就是蔡和森同志党史报告的唯一原始版本。我所能引以为慰的是，这样一种简陋的出版、发行技术，居然能把蔡和森同志当年闪烁着马列主义理论光辉的重要报告，经过几十年曲折的革命历程，终于传递到今天社会主义的广大读者手里。

1926年底，由于国内革命高潮的要求，东方大学中国班大部分同志被调回中国工作，包括向警予同志在内……（参见施益生《对蔡和森、向警予同志的回忆片断》一文，载《革命回忆录》第4辑，人民出版社1982年2月第1版）

1927年初，向警予回到广州。初夏，又离广州去武汉。路经长沙时，她与蔡母葛健豪、女儿妮妮、儿子博博和外甥女特特愉快团聚，合影留念；后来她还给两个孩子写了几首儿歌和新诗，殷切期望孩子们"像小鸟一样，在自由的天空飞翔……将来在没有剥削的社会中成长"。

向警予到武汉以后，党中央派她担任武汉总工会宣传部的工作。她做事格外热情有精神，常常是开完会便去写东西，写完东西又去找工人谈心或研究工作，很少休息。她为工会写的宣传品，通俗易懂，生动有力，对教育妇女和发展工人运动，起了很大作用。

1926年上半年，蔡和森还会见了赴莫斯科考察的冯玉祥。1月时，为了回避北方革命运动和段祺瑞之间的矛盾，保存实力，冯玉祥突然宣布辞职，其领导的国民军失去了对北京的控制，苏联驻中国北京政府的代表加拉罕被张作霖驱逐。为了进一步联络冯玉祥反对段祺瑞和张作霖的政府，帮助他控制中国西北地区，苏联政府邀请冯玉祥访问莫斯科。5月9日，冯玉祥抵达莫斯科。莫斯科中山大学的学生到车站列队高呼"国民党万岁"，欢迎冯玉祥，加里宁、伏罗希洛夫等苏共领导人热情地会见了他。中共派刘伯坚以华人协会和《前进报》等团体代表的身份，拜会冯玉祥。同时，为表示对冯玉祥的尊重，中共中央又指派蔡和森前往看望他。蔡和森与冯玉祥及其随行人员交谈了3天，向他阐述了中国共产党的主张和推进国民革命的重要意义。不久，蔡和森在莫斯科给李大钊的信中称冯玉祥在莫斯科"进步甚大，颇为乐观"。

1926年9月17日，在冯玉祥离苏归国不到一个月的时间内，他就在五原誓师，就任国民联军总司令，宣布全军参加国民革命；随后，出师甘陕，与广州的北伐军遥相呼应。很显然，冯玉祥的这些进步表现，与蔡和森同他交谈做工作是有一定关系的。

十三、出席中共五大

1927年1月，共产国际决定维经斯基、罗易、多里奥作为共产国际的代表出席即将召开的中共五大，并以罗易为首席代表。同时，征得共产国际的同意，蔡和森、谭平山回国参加党的五大筹备工作。于是，他们与罗易等人取道海参崴一起前往中国。

4月1日，蔡和森一行人经广州到达长沙，受到国民党湖南省党部的热烈欢迎。蔡和森在欢迎大会上发表了重要讲话，言简意赅地把斯大林和共产国际的原则指示与国民革命风云变幻的实际联系起来，强调指出："现在革命发展，第一当注重的是农运问题，农运是整个革命根本问题，谁能解决农民问题，谁即可以得天下。"作为"中山舰事件"的教训，他深刻地指出："军事领袖随时有向后转之可能，彼可携带武装加入，也可携带武装遁逃"，"右派分子如蒋介石注重资产阶级，压制工农运动"。对此，必须认识到"占全国人民百分之八十以上的农民是中国革命的中心军队"，必须建立以农民为主体的革命武装。最后，蔡和森总结说："观于孙总理与列宁可以合作，可以断定三民主义与共产主义，不仅现在即将来亦可合作。"北伐战争期间，湖南是全国农民运动的中心，蔡和森有关重视农运问题的演讲，给湖南农运注入了一支强烈的兴奋剂，使之更加蓬勃发展起来。

随着北伐战争的节节胜利，1926年12月，广州国民政府北迁武汉，中共中央也从上海迁到武汉，从而揭开了中国大革命史上的武汉国民政府时期的新篇章。武汉大革命时期既是大革命的高峰时期，同时也是由盛转衰以至最终失败的低谷时期。当时，武汉作为全国的中心，各方要人荟萃于此。4月2日，蔡和森到达武汉，住在回民街中共中央宣传部机关，开始了在武汉为期4个多月与大革命同舟共济的奋斗岁月。

4月12日，蒋介石在上海发动的反革命政变爆发了。

紧随四一二反革命政变之后，李济深在广州发动了屠杀共产党人和革命群众的四一五反革命政变。福建、浙江、安徽、四川、北京……也相继发生了同类事件。

1927年的"倒春寒"比哪年来得都狠都长，共产党人在料峭的寒风里，像被冰雪紧裹着透不过气来……

从4月4日到20日，在武汉连续召开了共产国际代表、中共中央委员和湖北区委的联席会议，先后参加会议的有瞿秋白、谭平山、蔡和森、张国焘、张太雷、罗章龙、毛泽东、陈延年、彭述之、邓中夏，以及罗易、维经斯基、鲍罗廷等。

中共中央对上海的情况不明，决定从武汉派李立三和聂荣臻到上海了解情况，处理善后。

为了安全起见，他俩通过关系，搭上了宋子文的船，一直坐到南京。在南京又和维经斯基等人同车去上海。到达上海后，他们先后找到赵世炎的秘密住处，随后又找到周恩来、陈延年、罗亦农等。周恩来转移到吴淞附近徐家宅一处工人住家的小阁楼上继续工作。他们几位和共产国际的代表组成特别委员会,就在赵世炎家里开了会。周恩来把上海党组织受损的情况一说,大家对蒋介石切齿痛恨。李立三传达了他们来上海的任务:"武汉对于打击蒋介石的决心已成事实,但是军事顾问还在犹豫。不但军事上犹豫,现在已经发生政治上的犹豫,因为奉军张作霖部进攻甚烈,所以决定如果蒋不十分反动,还可姑予敷衍,尤其是接到仲甫(即陈独秀)来电表示反对打蒋,大家益发动摇。"

李立三神色严肃,他的话也引起了周恩来的激愤:"我们在这次屠杀中可以看出蒋介石只是对我们表面和缓,实际是准备整个打击……现在我们应打一电报给武汉提出抗议,要求赶快打东南的方策,马上派得力人员来东南准备军事工作。"

4月16日,周恩来、赵世炎、罗亦农、陈延年、李立三等从上海致电中共中央,建议迅速出师东征讨伐蒋介石。当时,关于武汉政府的战略方向问题,意见纷纭。瞿秋白早在4月初,就与吴玉章等提出,把第四军调到南京,以呼应上海的革命势力,监视蒋介石的行动。因鲍罗廷反对,未能实现。这时,瞿秋白又提议先打南京的蒋介石,然后北伐张作霖。但是,共产国际和斯大林主张直接由武汉出师河南进行北伐。罗易则着眼于布置巩固武汉政府的防线。在中共内部,陈独秀、彭述之、张太雷等赞成鲍罗廷直接北伐的主张,张国焘、谭平山主张南征,最后,北伐主张占了上风。

这时,陈独秀对着上海区委打来的电报摇了摇头。

在举棋不定中,陈独秀又去找汪精卫商议。汪精卫反复权衡武汉国民政府中的两派意见,决定继续北伐,同时成立一个土地委员会,研究土地问题。4月18日,经国共两党联席会议决定,以唐生智为总指挥,率军于19日出师北伐。

土地委员会开会时,也邀请了陈独秀参加。参加会议的还有邓演达、徐谦、谭平山、顾孟余、毛泽东等人。谭平山是国民党农业部长,毛泽东是中共中央农委书记。

这时,为筹备中共五大,党中央成立了以蔡和森为秘书长、以张太雷等人为秘书的秘书处。

经过二十多天的准备，1927年4月27日，中共五大在武昌高等师范学校附属小学召开。

会场内一片肃静。被蒋介石下令通缉的共产党"首要分子"几乎都在这里。陈独秀、蔡和森、瞿秋白、毛泽东、任弼时、刘少奇、邓中夏、张国焘、张太雷、李立三、李维汉、彭湃、方志敏、恽代英、罗亦农、董必武、项英、陈潭秋、苏兆征、向警予、蔡畅、向忠发、罗章龙、贺昌、阮啸仙、杨匏安、王荷波等80多人参加了会议，代表党员57967人。国民党要人汪精卫、徐谦、谭延闿等都列席大会并致贺词，以示国共两党的合作仍在继续。为了防止意外，开幕式后，大会转移到市郊黄陂会馆召开。

这些热热闹闹的场面，并不能抵消共产党人内心的苦恼。就在大会开幕以前，共产党员损失了上海、广州、北京三个重要的区委组织。那些地区的领导机关多被破坏，大批同志被屠杀，所有的代表都为此心情沉痛，许多著名的人物无法来开会——

李大钊没有来。中共五大开幕这天，是他临刑前夜，第二天即被张作霖绞杀。

邓培、萧楚女、李启汉、刘尔崧没有来。几天前，他们在广州被李济深、古应芬、钱大钧杀害。

周恩来、陈延年、赵世炎没有来。作为转入地下斗争的上海特委们，正在白色恐怖中与敌人周旋。

身着长衫的陈独秀主持会议，他身旁坐着罗易、维经斯基、鲍罗廷等人。

会前，陈独秀精心准备了数万字的发言提纲。他要谈的问题太多了。党的四大以来，特别是"中山舰事件"之后，有多少事情值得探讨？当时退让不对吗？左派力量那么弱，不退让又如何呢？不是连汪精卫也回避了吗？上海的武装起义有没有问题呢？有。假如不搞这样的武装对抗，蒋介石还能找到借口缴工人纠察队的枪吗？他在提纲里注明:"当时应该进行斗争,但谈不上实现民主专政。"他突然想到几天前吴玉章的一个提议,要把一个共产党领导的营扩充成一个师,他当时没有同意,这不是让人家抓我们的把柄吗?还有湖南人毛泽东,几次跑到武汉来跟他谈农民问题,谈"农民运动是好得很而不是糟得很"……

会前不少人觉得彻底检讨过去,才能给未来带来生机。在上海坚持斗争的周恩来,让罗亦农带来两点意见:中央要承认错误,彭述之不能进中央委员会。

陈独秀想说清点儿什么,但一触及具体问题,又觉得难于下手。目光回到手边的文件时,又会出现斗大的四个字:共产国际!

正是这四个字,总在冥冥中支配着他的思维。

当陈独秀作报告时,代表还是注意听着,希望他能对过去的错误有所检讨,对当前的局势进行明确的分析,然而他们失望了。

会议空隙,蔡和森与毛泽东散步。毛泽东说:"当年我们漫步橘子洲头,其后是广州东山,今天走到黄鹤楼来了。"

蔡和森笑笑:"看来你的心情还挺好?"

毛泽东也笑:"自己宽心吧。我自己的情绪倒不要紧,我担心的是再这样下去,中国革命还要受更大的损失。"

蔡和森说:"大会没有安排讨论你们的农民问题提案,会不会和你的《湖南农民运动考察报告》有关?"

"我们的差距的确很大,老头子越来越右倾了。"

"是啊。陈独秀看不起农民运动。"

"他根本不懂农民在革命中的地位,我说农运好得很,他说过火了。"

会上,蔡和森、毛泽东、瞿秋白、恽代英、任弼时都对陈独秀的报告提出了尖锐的批评。蔡和森强调指出,我们在广东和南京等地失败的根本原因是退让,不敢与国民党右派作坚决的斗争;当前的主要任务是开展土地革命,大力开展工农运动;此外,蔡和森还着重阐述了如何正确处理与小资产阶级的关系问题。

由于蔡和森、毛泽东、瞿秋白等大多数代表的坚持,会议还是批评了陈独秀等人的错误,如"中山舰事件",使资产阶级占上风;上海工人武装起义,重视拉资产阶级进国民政府,而忽视土地革命与农民团结问题;蒋介石叛变时,不能使他孤立等。

陈独秀表示接受代表们的批评。

大会选举了新的中央委员会,中央委员有陈独秀、蔡和森、瞿秋白、邓中夏、周恩来、刘少奇、李立三、张国焘、李维汉、苏兆征、张太雷、任弼时、陈延年、罗亦农、陈乔年、贺昌、向忠发、彭湃、项英、彭公达、赵世炎、恽代英、谭平山、彭述之、罗章龙等,毛泽东、陈潭秋等当选为候补中央委员。

随后举行的五届一中全会选举陈独秀、蔡和森、李维汉、瞿秋白、张国焘、谭平山、李立三、周恩来为中央政治局委员,苏兆征、张太雷等为中央政治局候补委员,陈独秀、张国焘、蔡和森为中央政治局常委。

蔡和森继续当选中央政治局常委、宣传部长,并代理中央秘书长的职务,可谓重任在肩。

陈独秀虽然继续担任中共中央总书记,但无论是自己还是别人,都觉得其魄力和威信大不如以前了。

大会吸收了蔡和森和其他人的意见,通过了《政治形势与党的任务议决案》《土地问题议决案》等文件。

党的五大不但没有对险象环生的政治局势作出清醒的估计,反而有一种盲目乐观的情绪,简单地认为资产阶级脱离革命,不但不会削弱革命,反而能减少革命发展的障碍。这种观念,导致中共中央把希望寄托在以唐生智等武装力量为支柱的武汉国民政府和武汉国民党中央身上,给以信赖和支持,到后来更是节节退让。党的五大以后,党没有大力抓武装,不仅不抓军队,反而单纯地片面地强调纠正工农运动中的"左"倾幼稚病,以维持同武汉国民党、武汉国民政府和国民党军事首脑的联合,甚至到"马日事变"后还发出继续纠"左"的指示……

到5月下旬了，周恩来还没有到达武汉，他担任的中共中央秘书长一职由蔡和森代理。周恩来到武汉后，立即列席了第九次中共中央常委会议，三天后又列席第十次会议。这次会议决定，周恩来转任中央军事部长（当时又叫军人部长），军事部长在必要时参加常委会会议。那时的中央常委只有陈独秀、张国焘、蔡和森3人。张国焘不久又去河南，29日，常委会决定周恩来代替张国焘的中央政治局常委职务。这段时间内，常委会议几乎每天都要举行一次，处理各项紧急事务。6月3日，增选瞿秋白为常委。4日起，中央常委由陈独秀、瞿秋白、蔡和森、周恩来4人轮流值班，这种状况一直继续到6月下旬。

十四、应对突发事件

党的五大召开前后，武汉地区的形势急剧恶化，反革命活动日益表面化。

1927年5月17日，驻守宜昌的国民革命军独立14师师长夏斗寅发动兵变。他的如意算盘是趁唐生智和张发奎主力正在与奉军苦战、武汉防卫空虚之机，一举推翻武汉国民政府。

为应付这一突发事变，党中央召开了紧急会议。蔡和森、李立三在会上力主发展共产党自己的力量，迅速将叶挺所部和恽代英主持的中央军事政治学校全部学员开赴前线，击退叛军，进而攻取湖南作为根据地。同时，为应付更大的革命危机，必须积极发动广大工农群众，扩大工农武装，"以暴动对付暴动"。中央接受了蔡和森等人提出的派遣叶挺所部反击夏斗寅的建议，却拒绝了发动工农建立湖南根据地的主张。

武汉国民政府任命叶挺为前线总指挥，立即率其所部第24师和中央军校1500多人开赴前线作战。大敌当前，留在武昌的毛泽东坚决支持蔡和森的主张，率农讲所400多名学员，听从张国焘的统一指挥，加强了对武昌的防范，稳固了后方，有力地支持了前线的作战。不久，叛军被击退。

然而，无论是共产国际驻中国代表，还是国共两党的一些领导人，都只是把它视作突发事件，而并未对之进行全面深刻的检讨和分析，没有看到革命潜藏着更大的危机。

5月21日，驻长沙第35军33团团长许克祥发动了"马日事变"，一夜间搜捕共产党人和工农群众3000余人，屠杀100多人。长沙附近各县被屠杀的革命分子和群众多达1万人。中共湖南省委决定30日发动长沙附近10万农军，围攻许克祥。

然而，陈独秀、鲍罗廷竟然同意国民政府派遣所谓的"查办代表团"前往长沙，既查许克祥叛变，又查工农运动"过火"。但谭平山等查办代表很快被许克祥驱回武汉。

鲍罗廷本来脾气就大，遇到这样的事，便不住地拍桌子跺脚："一切错误来源于工农运动过火，领导湖南运动的不是地痞就是哥老会！"

于是，陈独秀下令取消了进攻长沙的计划；毛泽东也被调离湖南，到武汉任农民协会组织部长。5月30日，没有接到撤退命令的浏阳农民军，孤军进攻长沙，最终失败了。

汪精卫见到陈独秀，话里有话："不是说有10万大军吗，怎么连许克祥一个团也打不赢？"

陈独秀气得直瞪眼，无言以对。

这时，蔡和森严厉地批评了陈独秀等人。他指出查办工农运动"过火"犯了原则上的错误，不想用武力去对付反革命，而希望通过所谓的法律手段来查办反革命，无异于痴人说梦。

陈独秀为勉强维持与武汉国民党左派的关系，竟然在一次中央政治局的会议上，提出了"东征"的主张，打算联合汪精卫、唐生智，反对南京的蒋介石。党内还有一些同志主张继续北伐，或主张直取广东，就是不谈武装工农，不与目前的敌人作坚决的斗争。因此，蔡和森一针见血地指出，夏斗寅敢在湖北继续屠杀工农，许克祥敢在湖南叛乱，都是我们反击不力的结果。大家不要再唱东征和北伐的空调，如果那样，征来伐去，共产党依然两袖清风、一无所得。我们必须把摆在面前的两湖反革命叛乱解决，组建大约5万人自己的军队，推翻代表土豪劣绅的国民党中央。他的建议在一定程度上被采纳。他受命以中央常委会的名义指示江西省委，要求他们组织力量反击朱培德。在中央的领导下，两湖革命力量有所恢复和发展，武汉出现了一点儿"进攻"的新鲜空气。

5月底，共产国际有关武装斗争的指示传到中国。电报中指出："必须根除对不可靠的将军们的依赖性。动员2万左右共产党员，加上湖南、湖北约5万的革命工农，组成几个新军，用军官学校的学生来充当指挥人员，组织（目前还不迟）一支可靠的军队，否则就不能保证不失败。这个工作是困难的，但是没有别的办法。"电报还说："组织以有声望的、不是共产党员的国民党人为首的革命军事法庭，惩办和蒋介石保持联系或唆使士兵残害人民、残害工农的军官。不能只是劝告。现在是开始行动的时候了。"

罗易接到这个电报，通知中共中央政治局召开紧急会议磋商。罗易、维经斯基、鲍罗廷也出席了会议。陈独秀看了电报，又是半天不吭声，因为电报的内容刚好前几天他才否定过。蔡和森是武装暴动最积极的倡导者；周恩来、吴玉章也是三番五次提议要建立共产党的独立武装；毛泽东一开口就是土地革命。这些都被他陈独秀否定了，现在再来宣布共产国际的电报，岂不是自己打自己耳光？

他试探着说："我的意见是先不要把这个电报的内容说出去，以免引起思想上的混乱。"

蔡和森当然不同意，马上说："不拿出电报，这难道不是扣压国际指示吗？湖南等地的同志们急需要电报的支持！"

鲍罗廷和维经斯基意见一致："莫斯科不了解武汉的局势，汪精卫能组织起这个军事法庭去惩办蒋介石吗？"

罗易对汪精卫寄予了更大的希望："跟汪精卫商量商量吧，看他同意不同意，同意了就可以执行。"

政治局委员们对罗易的空谈是厌恶的，但他的所谓"加深革命、巩固武汉路线和土地革命"的口号有"五大"决议做护身符，谁也无法否定他。

陈独秀忙着给共产国际回电，又是那套原则同意具体否定的老把戏。

罗易与汪精卫会面时，有意无意地提到莫斯科的"五月指示"。汪精卫不觉一愣，忙问，能否拿出来一看？

这几天罗易一直苦于中共中央政治局不肯贯彻他的主张，便找汪精卫诉苦。汪精卫敷衍他，但有一副诚恳的外貌和慷慨激昂的革命言辞，罗易就被这种假象迷惑了，或者本就希望在汪的身上创造出奇迹来，以证明他的主张高明。不管怎么说，他把这份极重要的国际来电的抄本交给了汪精卫。

汪精卫看看电报，努力掩饰着吃惊，脸色很难看。他认为电报的内容违反当年"孙（中山）越（飞）宣言"，是要中国走向共产。

罗易否认。

汪精卫又把副本给周围人看，嘴里像给副本加注："好好看吧，这足以证明，不是国民党不联俄联共，而是共产国际违反它的诺言，别具消灭国民党的阴谋！"

汪精卫周围的国民党要人也谈"电"色变："这意味着两党之间的战争啊！"

刚从上海来到武汉的周恩来，很快从国民党内部得知罗易泄露了国际指示，将此情况报告了中央。政治局委员们都呆住了：书生气也不能到这个份儿上！毛泽东后来甚至说："谁促成了同国民党的分裂？到头来还是罗易本人。"

鲍罗廷气得差点儿拍断了烟斗杆。

维经斯基责问罗易："为何这样做？"

罗易自知理亏，能言善辩的舌头也不利索了："我，我，我的本意是缓和同汪的关系……"

愤怒的鲍罗廷将罗易泄密一事电告了共产国际。

汪精卫得到的抄本，很快又流传到了唐生智和他的部下手中。唐生智有几分得意地说:"怎么样?我们还是赶在了共产党前面。"于是部下一片献媚之声。

6月5日,便发生了由江西省长、第3军军长朱培德将方志敏等共产党员"礼送"出境的事件;

13日,汪精卫从郑州同冯玉祥会谈回来,宣布唐生智部主力全部从河南回师武汉;

20日,发生了冯玉祥同蒋介石会谈后公开向右转,要求驱逐共产党员出国民党的事件。

武汉6月的天气已经闷热起来。中共中央政治局会议室里的气氛更是沉闷得让人透不过气来。

开始讨论的时候,李立三、瞿秋白、陈独秀主张东征,罗易、谭平山仍主张南伐取广东。

蔡和森则大胆提出一个武装暴动的计划。他分析道:"北伐是冯玉祥的事,东征是唐生智的事,都与我们无关。我们不要再为他人做嫁衣裳,征来伐去,依然是一无所得!这就是说,现在我们必须坚决地、自觉地来干我们自己的事,来找我们自己的地盘和武力。这就是摆在我们面前的两湖问题应首先解决。许克祥的反革命,任他在湖南延长地发展,我们所在地的湖北,夏斗寅叛变后已有43县的农民和农协处在土豪劣绅和军阀的白色恐怖之下……摆在我们面前的两湖反革命叛乱不解决,而高唱东征北伐,只是一句空话!"

说着,蔡和森拿出自己早已拟好的两湖暴动计划,请大家传看。

草案传到了罗易手里,他急不可耐地往下看:

向长沙取围攻封锁之势……

绝对不要相信和依靠国民政府合法地解决,它是故意纵容许克祥的……

在此反许斗争中,应发展农军到5万以上……

在最短时间应发展群众30万以上,准备推翻现在代表土豪劣绅的国民党中央……

尽量扩大武汉三镇工人纠察队及同志的武装……

自动没收土地……

罗易看后不做声。

蔡和森再做鼓动："正好不是共产国际有电报指示，已经就中央对土地革命的态度不坚决、谭平山就职演说回避土地革命提出批评了吗？这是警告，再不改变态度，将在国际机关报上公开批评。指示中也要求解决许克祥、农民自动没收土地，我看应该执行，不然中国革命将一败涂地！"

他这么一说，罗易坐不住了。因为泄密，就怕提国际来电，又急于洗刷自己，他顿时呼而应之："我同意蔡和森同志的意见，准备发动湖南农民暴动。"

于是在中共中央与共产国际代表之间，组织了一个湖南特别委员会，专为指挥湖南暴动。为此事，后来又开了几次会。不料罗易将暴动计划改了又改，所决定的款项又迟迟不到位，而中共已派出一批军事同志前去，需要计划和款项异常之急。此时的罗易似乎已从泄密的窘迫中摆脱出来，所以态度也变了，几天前喊叫着支持暴动的热情也不见了，他听了一位同志无关紧要的报告，马上认为共产党在湖南的势力已完全瓦解，翻脸说暴动不可能，前次所议款项随之取消。

这一变化气坏了周恩来，他说明："现在浏阳、平江一带农军还有8000支枪，军事部已派人到那里去。计划先取湘潭，集中浏阳、平江，全力攻下反革命势力薄弱的城池，而在反动势力较强的地方则到各处打土豪劣绅，在可能范围内成立乡村的临时委员会。"

罗易说："我听到的报告不是这样。"

"你为何如此多变？"周恩来生气地说，"你难道不知道，叶挺的部队击败夏斗寅之后正驻军湘鄂边境，而唐生智部的三分之二还在河南，没有来得及回师两湖。这是一个天赐良机，此时不起，更待何时？"

罗易说："我不这样看！"

周恩来敲着罗易面前的桌子："你拨下款子，人到齐后，我亲自到湖南指挥这场暴动。如果失败，我来负责！"

罗易大声嚷嚷："年轻人，不要感情用事！"

两湖暴动计划被取消后，陈独秀主持下的中共中央再也拿不出什么好的主张来，完全处于不知所措的慌乱境地；政治局对每个问题都是犹豫的，不一致的，对下一步该怎么办也是很迷茫。

会议室里，蔡和森的目光对着罗易的目光仿佛有一肚子话要说，却又无从说起……

6月底，反共最有力的何键率领第35军从河南前线开回汉口，杀气腾腾地发出了反共训令。

这时，汪精卫开始公开煽动"分共"。

在这关键时刻，中共中央秘书厅于6月23日起草了一封给上海区委的信，提出一项新的建议。一方面，主要是反对蒋介石；另一方面，如果共产党人继续坚持没收土地和武装工农，将导致同国民党的迅速破裂。在此情况下，秘书厅认为，此际针对帝国主义占领的上海、福州、南京及其他城市发动暴动，是更为可取的途径，这样共产党人可以掀起新的反帝斗争，武装工农兵没收土地。

经过长时间的激烈争论之后，政治局决定停发此信，建议以"关于反帝斗争的决议"代替它，而秘书厅宣布，此函已经发往上海。

在争论中，罗易指出秘书厅的信"非常危险"，其中提出的计划是"冒险"。

罗易的态度非常生硬，而鲍罗廷的态度却又软绵绵的。人们猜测：鲍罗廷怎么了，是不是国际又有什么指示？

一次扩大会上，任弼时问陈独秀："听说国际有新指示，请在党内公布出来。"

陈独秀大发雷霆："什么指示？不知道！"

在座的人都很奇怪。

吴玉章问坐在旁边的张太雷："怎么回事？"

张太雷把椅子挪近一些，靠在吴玉章的耳边说："国际来电，训斥老陈，还要调回老鲍、罗易……"

吴玉章惊诧:"这样重要的指示,怎么我一点儿也不知道?"

第二天的会议上,鲍罗廷和陈独秀一唱一和,一方面声称自己不是实行机会主义,另一方面攻击共产国际方针前后多变,中国革命的失败,共产国际要负全责。

就在这一天,中共中央在武汉举行了常委扩大会议,讨论保存农村革命力量问题。毛泽东作为农民协会负责人和候补中央委员参加了会议。毛泽东对陈独秀将他从湖南调回来很有意见,到武汉后,他召集来武汉的湖南同志开会,商量着回湖南进行武装斗争。陈独秀虽然还不知儿子陈延年已被蒋介石下令杀害了,但他一脸疲惫,咳嗽里带着浓重的痰声。

会上,蔡和森主张上山。

毛泽东同意:"对,上山!推翻地主武装,建立农民武装,我是准备上山的。"

陈独秀精力已无法集中,木然地点点头:"上山。"

共产国际的指示已在党内宣布了,鲍罗廷也掩盖不住了。根据共产国际训令,中共中央改组,由张国焘、周恩来、李维汉、张太雷、李立三组成临时中央常务委员会。陈独秀给中央写了一封信,称自己实在不胜任工作,要求辞去总书记职务。

7月12日,鲍罗廷离开汉口,辗转回国了。

罗易于7月底离开汉口,后取道库伦前往苏联。这时接替罗易的共产国际代表罗明纳兹已在来华途中。

同时,共产国际执委会《关于中国革命目前形势的决定》到达武汉。《决定》认为,武汉政府的作用已经完结,现在它变成了反革命的力量;中央领导机关犯了机会主义错误,必须马上纠正这些错误;中共要公开宣布退出武汉政府,但不退出国民党。

7月13日,改组后的中共中央发表了《对政局宣言》,公开谴责汪精卫集团的反共行径,宣布撤出武汉政府的共产党员;同时表示继续坚持同国民党和一切革命分子合作,不妥协地进行反帝反封建斗争。

蔡和森后来评价说:此宣言在政治上的影响是很伟大的。

后来的事实证明，7月13日的宣言是个重要转折点。从这时开始，武装斗争的思想成为党的发轫之举，也使南昌起义成为可能。

十五、参加八七会议

蔡和森几次提出反抗和进攻的主张在较大程度上拂逆了共产国际和陈独秀等人的指示和意见，所以，有些人便开始攻击蔡和森患了"左派的幼稚病"，是自称"好汉"，要与国民党决裂。1927年6月下旬，蔡和森严重的哮喘病和胃病复发。于是，陈独秀等人从他身体欠佳和刚从国外回来不太熟悉情况方面考虑，撤销了其代理秘书长的职务，改由邓中夏担任，在邓中夏到任前，由张国焘兼任。

蔡和森来到武昌都府堤41号毛泽东的住所养病。蔡、毛二人是多年志同道合的挚友。当年毛泽东以"实践家"、蔡和森以"理论家"齐名湖南学生界；后来，他们共同创立了新民学会，并以此为红色起点，走上了革命的道路。这时，杨开慧特地为病弱的蔡和森买来鸭子炖汤滋补。在毛泽东家里，蔡和森与毛泽东一起听取了从湖南各地赶来的干部汇报情况，共同研讨问题。蔡和森将他们研讨的问题和对策及时致信中央，指出唐生智既已公开反动，如果"我们坐此尽待人家来处置，直无异鱼游釜底"，建议党中央机关移驻武昌，"中央军部应即检查自己的势力，做一军事计划，以备万一"。但是，中央只接受了移驻武昌的建议。

6月28日，党中央在汉口鲍罗廷家里召开了一次紧急会议。鲍罗廷面对十分严重的局势，倾向于武汉工人纠察队向国民革命军自动缴械。周恩来、张太雷从保存力量的因素考虑，主张将纠察队编入张发奎的军队，但其枪械上缴给汉口卫戍司令李品仙。于是，会议决定公开解散工人纠察队。只有蔡和森表示反对，认为这不是共产主义者所应该做的事情，其极端气愤之情溢于言表。

7月2日，蔡和森病情恶化，不得不住进汉口一家医院，但他仍然非常关心局势的发展。8日,他在《向导》周报上发表了自己最后一篇文章,题为《国家统一与革命势力的联合》,严厉批驳了国民党右派破坏统一战线的反革命言论。

这时,处于共产国际、苏联、中国共产党和国民党政治旋涡中的陈独秀,深感心力交瘁,无法继续工作,从而离开了中共中央最高领导岗位。

1927年7月15日,汪精卫发动了七一五反革命政变,国民革命遭受全局失败。鲍罗廷、瞿秋白避居庐山,研究善后对策。对此,出院后的蔡和森心急如焚,一连向中央写了7封信,要求立即采取紧急措施,重新号召土地革命和武装斗争,反对逃跑主义和散伙主义。

1927年8月1日,周恩来、朱德、贺龙、叶挺、刘伯承等领导的南昌起义爆发,打响了武装反抗国民党反动派的第一枪。

1927年8月7日,又是一个打下历史印记的特殊日子。

在湖北汉口,中共中央召开紧急会议。这个重要的会议,后来被称为"八七会议"。

八七会议的会场,设在汉口市三教街41号。这是一座公寓式的房子,是英国人1920年修建的,当时是国民政府苏联农业顾问洛卓莫夫夫妇的住宅。会场选在楼上的一间房内。李维汉负责会场的安全,他反复察看了周围的环境和条件,并征求了邓小平、陆定一等人的意见,邓小平时任中央秘书处长,他们也认为这个地方好。

瞿秋白曾问邓小平:"会议安排好了没有?"

邓小平说:"都已安排妥了,代表知道地点的就自己来,不知道的由地下交通员或知道的同志带进去。你和罗迈(李维汉)同志从后门进,到时洛卓莫夫负责把门,我也在这里。"

虽然出席会议的只有二十多人,地下交通员还是花了3天时间,将人员分成三批一个一个地带进会场。当时是武汉最热的时候,代表们只带一个小行李,进去就睡地铺,前半夜难以入睡,只能在天快亮时合合眼。

这个会议在南昌起义之前就有了动议,那时还是张国焘临时代理主持中央工作。现在这个会议要开了，尚在南下路上的委员们是赶不上了。

会议由李维汉担任主席。他代表常委先向大家报告会议酝酿和筹备的经过，随后宣布会议的三项议程。

第一项议程，是由共产国际代表罗明纳兹作报告。他讲了这次紧急会议要解决的问题后，就开始念《告党员书》。这个文件是罗明纳兹起草的，8月6日晚上由瞿秋白连夜译成中文。罗明纳兹念完就开始解释，他讲一句，瞿秋白就翻译一句，这样一来就花了将近一上午时间。最后他说："这个报告常委已经接受，现在各位同志可以发言。"

蔡和森站起来发言，他严厉地批评了党内存在的右倾机会主义错误，指出："重要的是未实行五次大会的决议"，包括对"五大"制定的关于土地革命的"很好的决议"，"大会后中央不实行而且相反"；中央继续实行退让政策，"向小资产阶级让步"；反对工农运动的"过火"行为；忽略了将党的政策及其错误在群众中宣传，以求得群众的认可和谅解。

毛泽东站起来发言，讲了四个问题。第一是国共合作问题。他批评党的领导对共产党员加入国民党不是去做主人而只是去做客人的错误。第二是农民问题。他以湖南农民运动为例，他说他的考察报告在湖南发生了影响，但对中央则毫无影响。他的言辞有些激烈起来："群众要革命，党的领导却不革命。"他讲的第三、第四是军事问题和党的组织问题，要求中央"强硬一点儿，再强硬一点儿"。

接着，蔡和森提出，为了加强对土地革命的领导，对农民斗争问题富有经验的毛泽东应进入中央政治局，自己回湖南组织秋收暴动。当天晚上，蔡和森正打算与湖南农民运动的著名领导人彭公达一起乘船回湘，忽然接到中央新命令，让其停止前往。翌日，新的临时中央政治局决定他以中央特派员的名义赴北方局指导工作。

八七会议对蔡和森的政治生涯而言，无疑是一次具有转折影响的会议。自1922年党的二大他进入中央后参与核心决策，一直处于权力中枢，可谓举足轻重。但作为中共五大的政治局委员、常委理应对大革命失败承担一定的责任。因此,这次会议选出的临时中央政治局9名委员和7名候补委员均没有蔡和森。但是蔡和森作为八七会议的重要参与者,仍然比较全面地评价了会议的功过是非。他认为会议具有非常伟大的历史意义,因为会议开始承认和改正党的右倾机会主义的错误。会议的不足是没有认真讨论南昌起义的相关事项。

在八七会议上,蔡和森表示他要对党的五大后政治局所犯的严重错误承担部分责任,并从大局出发,一再声明中共所犯的错误"不是国际的错误"。蔡和森素来严于律己,勇于承认错误和承担责任;在八七会议上,更表现出他坚持真理和修正错误的实事求是的思想品格和工作作风。

不过维经斯基后来承认:"对中国共产党所犯错误我要承担很大的责任,要承担比中国共产党领导更大的责任。"鲍罗廷也坦言,在四一二反革命政变后未能集中力量打击蒋介石,是"当时我们在中国所犯的最致命的一个大错误"。如此可见原本反对他们意见的蔡和森的正确性,更可看出蔡和森在会上主动承担责任的高尚风范。

在会上,蔡和森、毛泽东、罗亦农、邓中夏、任弼时等发言后,瞿秋白作了《关于党的新任务》的报告。然后进行选举。新选出的9名政治局委员是:苏兆征、瞿秋白、向忠发、罗亦农、顾顺章、王荷波、李维汉、彭湃、任弼时;7名候补委员是:邓中夏、周恩来、毛泽东、彭公达、张太雷、张国焘、李立三。选举瞿秋白、李维汉、苏兆征3人为临时中央政治局常委,瞿秋白主持中央工作。

选举中,先由罗明纳兹提议政治局委员7人、候补委员5人,遭到反对后又各增加两个名额。据李维汉说,讨论中,他与蔡和森都主张让毛泽东进入政治局,而毛泽东另有想法,一再提出,他准备去湖南参加秋收起义,不能加入政治局。

尽管八七会议开得十分仓促,对大革命失败的教训总结不尽完善,对未来形势的分析和估计不尽合理,对南昌起义也没有一个明确态度;但这仅用了一天时间的会议,在大革命失败后的紧急关头,及时纠正了陈独秀的右倾机会主义,确定了土地革命和武装斗争的总方针，其重要意义永远载入了史册。

十六、指导北方局

为了恢复和发展京、津、直隶（河北）地区党的工作，1927年5月19日，中共中央决定成立顺直省委，由彭述之任书记、陈为人任组织部长、李渤海任宣传部长。5月下旬，中央指示出席党的五大的北方代表陈为人等速回北方，组建顺直省委。6月9日，中央决定在彭述之到职前由刘伯庄代理省委书记。在刘伯庄的主持下，顺直省委成立。7月底，彭述之抵达天津。8月1日，顺直省委正式成立。

八七会议前后，蔡和森一方面作为中共五大中央政治局的一员，主动对大革命的失败承担责任，自请离开中央领导岗位；另一方面，他又希望"回湘工作"，去实践他力主的建立两湖根据地的方案，加强对湖南的指导工作。但是，新成立的临时中央政治局只满足了他的前一个要求。瞿秋白等人认为武汉时期，"中央许多宣传文件，有机会主义的错误，是蔡和森经办的"。本来会前提出的中央临时政治局7人候补委员中有蔡和森，但因此而在会上落选了。临时中央政治局没有同意蔡和森回湖南工作，而是让他以中央特派员的名义，去北方局巡视和指导工作。8月9日，中共临时中央政治局第一次会议决定成立中共中央北方政治分局（简称北方局），由王荷波、蔡和森、彭述之、刘伯庄、张昆弟及共产主义青年团代表1人组成（不久确定共青团中央常委杨善南担任），由王荷波为书记，蔡和森为秘书长。北方局的辖区较广，包括顺直、陕西、山西、山东、内蒙古及东北三省。北方局与顺直省委同驻天津工作。

1927年大革命失败后，由于奉系军阀的残暴统治，李大钊等许多共产党人遇难，以及其他原因，北方局（此前为北方区）和中共顺直省委的工作长期不能打开局面，党组织遭到了严重的破坏，党员的思想极其混乱。更为严重的是，顺直省委组建伊始，就发生了所谓"顺直纠纷问题",即在传达中央关于顺直省委组建的批示中,出席中共五大代表与陈为人等人的分歧,以及由此产生的顺直临时省委的纠纷。对此,中央认为北方局首先应该注意整顿各省的党组织,特别是要改组顺直省委,解决纠纷问题。8月12日,中央致函顺直省委:关于顺直组织状况新的计划望从速作一详细报告,虽在北方局之下,以后各种日常工作仍须每月作一报告直寄中央……

蔡和森就是在这种情况下,肩负着恢复北方各地党组织和重振北方局工作的重担北上的。

9月初,蔡和森与王荷波书记、张昆弟委员一行抵达北京,开始了紧张的工作。10月18日,蔡和森来到天津,在一家粮店的楼上租了一间普通的房子安顿下来。

为了掌握北方党组织的确切情况,蔡和森与王荷波、张昆弟分头到各地调查,深入群众,了解党员、工人、农民的生活和斗争情况。经过多方面的调查研究,他们认为北方局当时存在的问题,主要是党的领导机关,特别是顺直省委右倾机会主义遗毒未能肃清。因此,只有改组党的领导,才能改变北方工作的落后状况。于是,蔡和森为北方局起草了《讨论"八七"中央紧急会议各决议》。同时,王荷波与蔡和森召集京津党的活动分子和顺直省委会议,会上,他们提出了改组顺直省委的建议。这个建议,虽然遭到原省委负责人彭述之等人的反对,却得到大多数人的支持。在这次会议上,作出了改组顺直省委的决定;还决定相继改组北京、唐山市委和玉田、遵化等地党的组织。

大革命失败后,对于如何改组中国共产党的领导问题,共产国际、中共中央都有不同的看法。当时共产国际东方部副部长米夫,把大革命失败的历史责任完全归咎于中国共产党,认为中共前领导人只有几个知识分子大学教授,工人出身的领导人很少,是他们的机会主义领导使中国革命遭到失败,所以,老的领导人都要清除。这种舆论在国内也产生了影响。国内有些人由于痛恨机会主义派别,使北方党内有些人看不起工农同志,有些人则盲目地排斥知识分子。鉴于这些情况,蔡和森指出:党的改造不是换上几个上级领导的问题,更不是领导人的成分由知识分子换成工人便算了事。改组党组织的根本目的，是要肃清一切政治上和组织上的机会主义遗毒，改变过去机会主义时期畸形的党内生活。因此，"不要笼统地反对知识分子，也不要笼统地反对一切过去负责工作的同志；并不是一切知识分子都是机会主义者，也不是一切旧的负责同志都是系统的机会主义者"。他强调：我们要通过改组党组织，"获得八年以来中国革命之丰富的经验与教训，建立中国无产阶级列宁党的自己的理论，成为真正无产阶级的组织，来完成中国工农革命任务"。

在如何对待彭述之的错误问题上，北方局负责人在改组会议上也有两种不同的意见。王荷波等人认为彭述之一贯推行陈独秀的机会主义路线，使北方党蒙受巨大损失而又不能幡然悔悟，应该从根本上解决彭述之的问题。尽管蔡和森认为彭述之是顺直省委系统的"机会主义代表"，但他和张昆弟则主张再给彭述之一次机会，留在省委工作，以观后效。由于蔡和森的坚持，原省委中有工作能力的同志都被选上领导岗位。

9月22日，顺直省委扩大会议在天津召开。由于此前的种种矛盾和分歧，扩大会议开始时口径不一，显得混乱。为了应对这种状况，会议另推举北方局书记王荷波为大会主席，蔡和森作了《党的机会主义史》的长篇报告，以利于统一认识。会议批评了顺直省委，对其进行了改组。这次改组产生了13名委员，其中知识分子7人，设置了5人常委，朱锦堂任书记，于方舟任组织部长，彭述之任宣传部长，王仲一任工运部长，杨春霖任农运部长。

这一次改组，群众是拥护的，省委工作有所进展。改组后，蔡和森回上海参加11月临时中央政治局扩大会议。其间，他向李维汉反映了彭述之反对党的五大、宣传第三党及领导顺直省委工作中的错误。但是就在蔡和森回沪一个多月时间里，北方党又连续出现了一些问题：一是彭述之等人仍然坚持其机会主义立场，对省委改组不满，工作消极。其他同志因为对彭述之不满，工作也不积极。省委不去领导工农进行日常斗争，也不动员工会会员归队，却进一步推行经济主义。二是省委常委共5人，其中杨春霖和于方舟在玉田暴动中不幸牺牲。彭述之没有悔改的表现，不能继续工作。这样常委只剩2人，许多工作无法开展。三是北京市党团组织遭到破坏，王荷波等人不幸被捕牺牲。党员群众意见很大，彭述之等人乘机散布悲观主义论调。在这种情况下，天津、唐山、京东等地党员群众，纷纷要求顺直省委再次改组。蔡和森根据已经变化的情况，向中共中央报告了再次改组顺直省委的必要性。中央根据北方局和蔡和森的报告，决定对彭述之进行处理。中央指出："彭述之同志有宣传第三党的错误，反对北方局改组顺直省委的企图，最近对于玉田暴动的观点，又有军事投机的倾向，而北京几个反对省委市委改组的分子又直接受到彭述之影响，特决议：彭述之同志立即停职，由中央巡视员蔡和森同志会同直隶省委彻查此案。"

12月18日，蔡和森回到天津。他没有向彭述之传达中央令其停职的决定，却说中央要彭述之回沪。翌年1月6日，中央常委听取了彭述之、刘伯庄关于北方局工作的汇报。彭述之就蔡和森受中央委托起草的《中央北方工作决议案》中，关于他的几点错误向常委作了解释，又倒打一耙，指出蔡和森在领导北方局和指导顺直省委工作中的错误。中央常委会认为顺直问题比较复杂，决定停止省委改组工作，调蔡和森、朱锦堂回中央汇报，由傅茂公（彭真）暂时代理顺直省委书记。会议还决定取消北方局，指令蔡和森于1928年1月再次改组顺直省委。中央原先拟定蔡和森以中央特派员兼任顺直省委书记，因为蔡和森没有同意，所以仍然让他以巡视员的名义再去北方。

1月底，蔡和森主持召开了顺直省委第二次改组会议。会议的主要任务是贯彻八七会议精神、反对机会主义、恢复党的建设和改变工作方法。改组时，蔡和森运用上次改组的经验，以天津、唐山、京东三个地区的代表为基础进行（此时北京党的组织尚未恢复）。先在党员群众中进行思想教育，再进行组织上改选，批判并清除彭述之等机会主义领导人的影响。会议选出委员13人，其中工人8人，农民1人，革命知识分子4人，阶级成分比较全面。新省委委员是王藻文、傅茂公

（彭真）、李德贵、王廷弼、杨继禄、张金言、张昆弟、尹才一、王宗泉、张树生等。改组结果，使北方党的同志精神振奋，工作又活跃起来。天津第一区，在初次改组时，重新归队的党员只有20多人，此次增加到91人；在此基础上，重建了党的基层组织。天津有4个纱厂建立了党的支部，铁路系统也建立了两个支部，恢复和开展党的活动。

顺直省委第二次改组后，唐山、北京市委也相继改组。唐山恢复组织活动的有200多人，北京重新登记的党员达400多人。

在整顿党的工作过程中，蔡和森针对基层干部缺乏工作经验的情况，为了更好地发挥党组织的战斗堡垒作用，他亲自在唐山举办了工人短期培训班，选举五矿及铁路工人40余人，分为4个班学习，效果非常明显。他还计划把这一工作经验，推广到天津各地。

对于蔡和森担任中央巡视员期间，顺直省委的两次改组，中央曾给予恰当的评价。中央认为："改组会的精神是对的，改组省委也为正当，新省委成分也相当健全，可以工作。"

然而，由于顺直省委原主要领导人彭述之与蔡和森在工作意见上存在严重分歧，不仅引起了省委、北方局的巨大震动，而且也波及中央。彭述之等人赴上海向中央申诉，反对改组。中央本来是支持改组的，共产国际代表也表示了同意意见。共产国际代表在蔡和森参加完11月的临时中央政治局扩大会议准备北返时对他说："你到津的第一任务，首在调开述之离津。"现在因为彭述之的申诉，中央又要求蔡和森到上海与彭述之当面对质，弄清事实真相。

第二次改组后，蔡和森正在唐山举办工人培训班，一周之后，才知道中央调他到上海与彭述之对质之事。改组后的顺直省委派出了王藻文、傅茂公和张昆弟等人赴沪汇报情况，并决定蔡和森在办完培训班后再赴上海。

王藻文一行抵达上海后，中央一起与他们开了多次会议，并"认为改组是应当的"，但对彭述之问题仍未作结论。1928年2月，蔡和森停止了巡视工作，离京赴沪。中央召集会议，宣布顺直一切问题上次已与顺直代表王藻文等人完全解决，蔡和森今日到会非原先要求的对质,而是希望他将北方的巡视工作作一总结的报告即可。至此,蔡和森指导北方局的工作任务结束。

1928年年初,敌人疯狂地对湖北省委机关进行破坏,湖北省委机关报《大江报》和党刊《长江》编辑部和地下印刷厂也未能幸免。更不幸的是,敌人在这里搜查到了同志们准备在年关进行暴动的计划,致使计划流产。敌人加紧了对共产党人的搜捕和屠杀,许多党组织的负责人和工农领袖被捕。短短几天,就有3000多名党员和革命群众牺牲。革命力量再一次受到严重摧残,时任《大江报》主编的向警予和同志们的处境更加危险了。

一天早晨,向警予的助手陈恒乔外出的时候,看见街头巷尾张贴着通缉令,"向警予"三个字立刻映入眼帘。她不敢多看,立刻掉转头跑回家去。

向警予正在她们的秘密住所整理稿件。陈恒乔迈进门,又转身探出头去向门外仔细看了看,才放心地关上门,走到向警予面前说:"向大姐,街上已经贴满了抓你的通缉令,你还是赶紧撤离吧,再不走就来不及了。"

向警予放下手中的笔,从容地说:"我现在还不能走,这里有许多工作要做,还有许多同志需要我来联系,再坚持一段时间吧。"陈恒乔急得直跺脚:"向大姐,我一连跑了几天了,总是找不到合适的房子。在法租界租房子,必须要有可靠的保人,否则那些房东是不会为我们冒这个风险的。这个地方已经不安全了,如果再找不到合适的地方,敌人早晚会找到我们的。撤吧!"

向警予想了想,转身从衣柜里拿出一身衣服,一边换上一边说:"看来情况比我们想象的还要糟糕。我再出去试一试,如果不行,我们再想办法撤离。"

在这段紧张的日子里,向警予和陈恒乔经常搬家,经常变换身份,化装出门。她们假扮姑嫂的关系住进了现在的房子。向警予化名夏易氏,身份是一名失业的小学教员,陈恒乔化名易陈氏,身份是家庭妇女。向警予这时穿上一身土气的短褂和粗布裤子，头上包着一块深蓝色破旧的头巾，挎着一个竹篮走出了家门。

她打听了一家又一家，都说没有房子出租，有的说世道不好，兵荒马乱的，有房子宁愿空着也不出租；最后来到一个虚掩着的大门，想再试试。

来开门的是一个一脸凶相的大汉，粗糙的双手扶着门框，大声问："你找谁？"

向警予假装胆怯地说："大哥，俺是从乡下来的，想找房子租，你家有空房吗？"

大汉上下打量了一下向警予，气势汹汹地说："你知道现在是什么时期吗？共产党活动十分猖獗，我看你不像农妇，倒像个女共党分子！"

向警予像是受到了惊吓，说："大哥，我不知道你说的那个共党是什么，我就是从乡下来找我男人的。"

大汉眯缝着眼，半信半疑地说："我这里没房子租，你到别处问问吧。"说完关上了门。

回到家一进门，向警予立刻把门闩上，拉上窗帘，陈恒乔紧张地问："向大姐，出什么事了？"

"来不及了，把上报重要文件和资料藏好，动作要快！"

她们两个把材料分散，一张一张折叠好，有的塞进墙缝，有的放进抽屉的夹层中，有的贴在床底下……屋子里隐蔽的地方都藏着党的机密文件。

天渐渐黑了，二人这才松了一口气。

这天是农历大年三十，街头巷尾响起了鞭炮声。向警予却在家里约见了地下工人运动组织者张金保，一起商量着第二天的工人运动。

这些天向警予一直有种不祥的预感，担任地下交通员的宋若林已经好几天没跟她联络了。宋若林是一个地下党支部的交通员，这个党支部一直负责联络和组织工人运动。他们与向警予约定，每到星期天的黄昏时刻，由交通员宋若林和向警予在一棵柳树下会面，向警予负责传递党的新指示，有时也由宋若林送来《大江报》和《长江》需要的稿件。可是这两个星期，向警予总是等不来宋若林，她觉察到宋若林有可能出事了。

这天，向警予严肃地对陈恒乔说："宋若林已经两个星期没有露面了，我担心他可能已经被捕了。现在我们的处境越来越危险，为了保险起见，我们必须做好万无一失的准备，先把那些重要的文件烧掉。"

陈恒乔点点头，将那些掩藏好的文件一一取出来，再将一个小火盆点燃，焚烧的烟灰升腾而起。为了不给敌人留下任何蛛丝马迹，向警予又将书籍、稿件付之一炬了。

向警予的判断和担心是正确的。此刻，宋若林已经被敌人关押进牢房。他本来就是个胆小的人，经受不住严刑拷打，叛变了。湖北省委委员夏明翰随即被宋若林出卖了。

1928年3月20日，已被吓破了胆的宋若林向敌人交代了向警予的住址，向警予也被他出卖了。

家门被敌人一脚踢开。向警予镇定地坐在桌子前，她一眼便看见了躲在敌人身后的宋若林，顿时怒火中烧。

宋若林用手指着向警予说："就是她。"

向警予怒斥道："宋若林你这个叛徒、懦夫！"

第二天，反动派将抓获向警予的消息刊登在他们出版的各大报刊上，大肆宣扬他们抓到了共产党的重要领导人。

蔡和森得到向警予被捕的消息后，心急如焚，赶紧托付旧友萧子升出手相救，并多方营救，但都没有成功。5月1日，向警予壮烈牺牲。这个噩耗给蔡和森带来了极大的悲痛，他忍受巨大的痛苦，化悲痛为力量，继续为党的事业奋斗。

十七、出席中共六大

1928年4月，蔡和森受党中央指派，经库伦赴莫斯科，出席党的六大。但因去库伦的道路不通，他又折回上海。5月，再度启程赴莫斯科。

6月14日和15日两天，共产国际负责人布哈林和东方部副部长米夫同瞿秋白、蔡和森、周恩来、张国焘、李立三等二十多位中共代表举行了预备会议，讨论了瞿秋白起草的大会政治报告。

6月18日至7月11日，中国共产党第六次全国代表大会在莫斯科郊区的一座庄园别墅里举行。出席会议的代表共142人，其中正式代表84人。瞿秋白代表第五届中央委员会作政治报告，周恩来作组织问题和军事问题报告，李立三作农民问题报告，向忠发作职工运动报告。布哈林代表共产国际作《中国革命与中国共产党的任务》的政治报告和关于政治报告的结论。

蔡和森在听取上述中共中央领导人和共产国际领导人的报告之后，分别于6月22日、7月2日和7月6日在讨论有关专题报告会上作了重要的发言，畅谈了个人对一些有关中国革命问题的基本观点。

6月22日，蔡和森的《在党的第六次代表大会上讨论政治报告时的发言》是他三个发言中最长的，也是他重点讲述的内容，主要讲了以下几个问题：

第一，中国革命当前所处的阶段问题。

蔡和森说，他在听取布哈林、瞿秋白、李立三和向忠发等人的报告之后，认为他们对中国革命所处的阶段，即对中国革命形势的分析上，"大概有三种不同的估量"，即中国革命处于高潮、中国革命处于低潮、中国革命处于两个高潮之内的低潮。对于这三种不同的观点，蔡和森没有急于表态支持哪一种，而是强调"现在要把问题首先弄清楚，第一要问什么是革命高潮，第二要问革命高潮有什么条件。"接着他开列的衡量革命是否处于高潮的条件有四点：一是全国普遍性；二是相当持久性；三是运动发动于大的城市，而且是城市工人的领导，非是单独爆发于乡村；四是敌我力量对比上，我方略占优势。他以此四项条件为标准，通过联系实际分析，认为瞿秋白等人所持的中国革命高潮论是站不住脚的。

八七会议后的中共中央，特别是1927年11月召开的临时中央政治局扩大会议，革命高潮一直是其主导思想，为什么会如此呢？蔡和森指出，革命高潮论的理论来源"是从不间断革命的理论来的"。他认为，党的领导干部一定要科学地认识和运用马克思主义的不断革命的理论，来分析和指导中国的革命实践，而不能教条式地照搬照抄。他进一步深刻指出，以不断革命的理论来论证中国"革命没有停止，且继续前进，用这种分析去反对取消派的观点是对的，这是非常马克思主义的，非常辩证法的"，然而，"假使以此为一直高潮之论证，则是非科学的，非列宁主义的"。

在党的六大召开前的6月12日，斯大林会见了瞿秋白、苏兆征、李立三、向忠发和周恩来等人，阐明了他对中国革命的性质和革命形势的看法。他指出：中国革命是资产阶级的民主革命，不是"不断革命"，也不是社会主义革命；现在的形势不是高潮，而是两个革命高潮之间的低潮。布哈林在报告中也指出，中国革命形势不是处于高潮，现在的任务不是夺取政权，而是要准备革命力量，迎接革命高潮的到来。

蔡和森在发言中，同意共产国际代表对中国革命形势的分析，并作出高度评价。

第二，党在当前的革命任务问题。

在蔡和森看来，八七会议所制定的武装暴动的方针是正确的，但是"在执行和估量时局时犯了很大错误"，犯错误的主观原因"在于中央不断革命高潮之错误的估量与理论"，在于认为"凡是客观上可以暴动的地方都应立即暴动，而不顾主观条件之如何"，结果，损失惨重。对于1927年12月爆发的广州起义，蔡和森进行了客观公正的评价，认为"有伟大的历史意义，当然不是盲动"，但起义的"准备是不充分的"。

蔡和森认为，党在当前的任务还是继续坚持八七会议制定的暴动方针，但他反对"继续做不准备的暴动"，反对"只限于农民的暴动"，尤其反对"盲动主义的暴动、命令式的暴动"。

第三，强调总结党的历史教训，号召与当前的新危险——盲动主义作坚决的斗争。

为了说明盲动主义将会继续危害党的革命事业，论证克服盲动主义的意义，蔡和森在发言中较为详细地介绍了党自三大以后特别是1926年"中山舰事件"以后所犯的种种机会主义错误，分析了其中的一些原因和重要的教训，向大会宣布"八七会议以来我们很快战胜了机会主义"。他同时指出，党内机会主义少了，但盲动主义多了，党从右的错误转向了"左"的错误。蔡和森反对瞿秋白在报告中所说的盲动主义已经减少了的观点，相反认为"现在摆在大会面前的危险主要的是盲动主义"，强调指出盲动主义如果继续下去，则"可使党消灭，使革命再遭几次大的失败。对于这点是应唤起大会特别注意的"。

蔡和森的发言，为党的六大制定正确的决议起到了积极的作用。

党的六大通过了关于政治、军事、组织、苏维埃政权、农民、土地等一系列决议。大会在批判右倾机会主义的同时，重点批判了"左"倾盲动主义错误。这些成果表明，党的六大是一次具有重大历史意义的会议，对于统一全党思想，实现工作转变，对于中国革命的复兴和发展，起到了重要的积极作用。

在随即召开的六届一中全会上，选举了瞿秋白、苏兆征、蔡和森、向忠发、周恩来、项英、张国焘7人为中央政治局委员，苏兆征、向忠发、项英、周恩来、蔡和森为中央政治局常委。这表明，蔡和森在经历了八七会议及其以后几个月淡出中央领导层之后，再度成为中央政治局的核心领导成员。

正在这时，向警予壮烈牺牲的消息传到莫斯科。身在莫斯科的蔡和森含泪撰写了向警予烈士的传记，以此寄托他沉痛的哀思。

在这篇传记里，蔡和森不仅叙述了向警予的成长历程、性格特征，也记录了他们之间的友谊与爱情。

蔡和森写道：当年，向警予"在学校有'圣人'之称。……毕业后，回乡创办溆浦女学校，任校长职三年。……废寝忘食是她生活中的经常状况。五四运动，她在乡村号召广大的群众运动，终日演讲，宣传爱国主义。她感情热烈得很，她为国家大事，常常号啕大哭。她相信所谓'教育救国'，她抱独身主义，要终身从事教育来改造中国。她绝对的与一般娇弱的女学生不相同。她自幼男女同学，青年时代出入一般男女学生群众及农民群众之中而常居于指导地位，故她的言行完全像一个最诚恳的传教师。她真实无比，她异常的勇敢，同时又很琐细，她对于一点儿小小的事情，常常是要彻日彻夜地去思想，去准备。她不知道别的欲望，唯一的欲望只是要她能干出'惊天动地的事业'。……俄国十月革命、五四运动及'新青年'文化运动，在湖南青年急进分子中有很大影响。此时对毛泽东、蔡和森等在湖南形成一'新民学会'，倾向于革命的社会运动，……警予与和森多次谈话之后，开始抛弃教育救国的幻想而相信共产主义，同时警予与和森之恋爱亦于此发生。这是1920年1月15日在印度洋船中的事情。"

他继续写道："警予、和森恋爱之后，一切热情集中于共产主义运动的倾向，一到法国遂纠集同志及华工中的先进分子形成这种倾向的组织。1921年底，和森被法政府逮捕，遣送回国，不久警予亦回国，此后遂共同参加党的工作。警予责任心极重，同时好胜的'野心'亦极强，因她自幼以来即养成了她这种心理。自与和森恋爱及参加实际工作后，她精神上常常感受一种压迫，以为女同志的能力不如男同志，在她看来，仿佛是'奇耻大辱'。同志们愈说她是女同志中最好的一个，她便愈不满足。她是五卅运动中有力的煽动者、组织者之一，她是党的妇女工作的负责者，但她自己总是不甘于'妇女的'工作……"

他又写道："1927年3月，警予回到武汉，担任湖北总工会女工运动委员会、党省委妇女部的工作，成绩甚大，组织了五六万女工于赤色工会之下。不久又任汉口市委宣传部主任。七月政变时被选为武昌市委负责人，最后任湖北省委宣传部工作兼《大江报》主笔。她的工作成绩，她的忠实，她的责任心，她的过度的刻苦耐劳，她的思想行动，生活之无产阶级化，为党及一般同志所通晓。七月政变后，武汉处于最严重的白色恐怖之下，在这革命转变的严重时期中，警予充分地表现了她的积极性和战斗性，证明她是中国无产阶级劳苦群众中最好的战士之一个。"

最后，蔡和森呼喊道："伟大的警予，英勇的警予，你没有死，你永远没有死！你不是和森个人的爱人，你是中国无产阶级永远的爱人！"

一篇短短的传记，声情并茂，可谓泣血之辞，读来令人动容。

党的六大之后，蔡和森与李立三等随即回国，参与领导全党的工作。1928年10月，国民党政府借辛亥革命纪念日制造舆论，歪曲说辛亥革命开始的事业已经完成，中国已经"统一"，现在的任务是搞五权宪法、阶级合作等等。蔡和森立即撰写了《国民党反革命统治下的辛亥革命纪念》一文，及时揭露和驳斥了国民党的欺骗宣传。同时，他还发表了《中国革命的性质及其前途》，对中国革命的性质和特点、革命的转变、农民在革命中的重要地位和作用等问题，作了精辟的论述。他指出："中国革命是处在世界无产阶级社会革命时期，显然是这个世界革命的一部分。""中国无产阶级领导资产阶级民权革命到底，就不可避免地要开始社会主义的转变。工农民权独裁制的苏维埃政权，便要成为这一转变的起重机，也就是这一转变的基本条件。"实践证明，蔡和森的这一论点是中国共产党理论的一个重要组成部分。

不久，由于受到联共（布）党内发动反对布哈林的斗争波及，蔡和森在中共党内也遭到了错误的打击。1928年7月，在莫斯科召开的共产国际第六次代表大会结束后，反对布哈林右倾错误的消息传到了中国。当时在中共中央负责领导工作的李立三，在党内也发起了反右倾运动。蔡和森拥护党的六大决议，反对冒险进攻城市的正确主张，被错误地攻击为右倾。因而，蔡和森的中央政治局委员和中央宣传部部长的职务也被撤销。历史证明，当时对蔡和森的这种批评和处分是完全错误的。

蔡和森在受到严重打击以后，毫不悲观失望，始终以马克思主义的正确态度，坚持革命，坚持斗争。这时，他的哮喘病发作，不得不离开中央机关，暂居上海，一面养病，一面继续从事党的理论宣传工作。

十八、三赴莫斯科

1928年底，按照党中央的安排，蔡和森前往莫斯科治病，同时，担任中共驻共产国际的代表。这是蔡和森第三次赴莫斯科。此次，他带上了7岁的女儿蔡妮一同前往。

蔡和森父女到莫斯科后，被安排住在离克里米亚医院很近的"联盟"旅馆里。这是蔡和森一生中最为恬静的岁月。对于个人政治生命的起伏跌宕，对于被开除出政治局，蔡和森保持极度沉默，不作任何申辩，不发表任何意见，不与外界来往，甚至反对他人代为打抱不平，而是终日独居住所，埋头读书。何以如此？可能蔡和森认为在当时来势凶猛的反右倾狂潮中，任何被指斥为右倾的人，申诉都会无济于事，与其申诉招惹更多的指责和麻烦，背上"不老实"改正错误的罪名，还不如保持缄默。

蔡和森对个人的进退不闻不问，表现出一种超然的态度，或许是一种较为明智的选择。然而，在事关中国革命兴衰成败的理论和路线的大是大非问题上，他却无法保持沉默，而是以一个"党的老辈"的身份积极参加共产国际组织的关于陈独秀右倾机会主义及后来"立三路线"的讨论，总结历史的经验和教训，以期对克服和消除党内的右的和"左"的错误路线有所贡献。

讨论的一个重要目的就是共产国际和斯大林为其在中国的失败推卸责任、寻找替罪羊，同时应对托洛茨基反对派的猛烈的攻击。当时，斯大林对中国问题已感到厌烦了。鲍罗廷是共产国际和苏维埃政府派驻中国的代表，而且一直被莫斯科的一些人看作是斯大林的人。因此，莫斯科想要对中国国民革命下一个结论，鲍罗廷显然是一个无法回避的关键人物。考虑到鲍罗廷"是斯大林的人"这一层关系，莫斯科在他回去后没有立即批判他，而是将他搁置在一边。为使鲍罗廷承担更多的责任，莫斯科决定在1929年1月25日召开一个学术讨论会，题目是"陈独秀主义的历史背景"。会上，鲍罗廷指责陈独秀"使中国革命受到托洛茨基主义和孟什维克主义的干预"，同时承认自己"犯了严重错误"。共产国际执委会主席团成员萨发洛夫等人发言严厉地批评了鲍罗廷在中国的错误。通过这场所谓的"学术"讨论会，得出的结论是，莫斯科关于中国国民革命失败的责任不在共产国际和斯大林，而在于以陈独秀为首的中共中央执行了一条托洛茨基和孟什维克主义的路线，对此，鲍罗廷难脱干系。托洛茨基主义和孟什维克主义就是陈独秀主义的历史背景。1月份的这场陈独秀主义的讨论，为同年5月共产国际在莫斯科科学研究院的讨论定下了基调。

在5月的讨论会上，蔡和森作了发言。会后，他将发言内容整理成文，题为《论陈独秀主义》，发表于《布尔什维克》第4卷第5期上。

陈独秀在大革命后期所犯的右倾机会主义错误问题，是一个关系到如何评价陈独秀在大革命中的功过是非、关系到如何分析大革命失败的主观原因、关系到如何看待共产国际与中国革命关系以及由谁来承担大革命失败的主要责任等一系列十分重要而又十分敏感的问题。党的八七会议清算陈独秀的右倾机会主义错误，是十分必要、意义重大的。但是会议将陈独秀排斥在外，并实际撤销了他的总书记职务。之后，中央又不让他参加任何会议，不给他分派任何工作。更使陈独秀难以忍受的是，共产国际将中国大革命失败的责任完全推卸到他身上，并打算调他去莫斯科学习和检讨。所有这些都加剧了中共、共产国际与陈独秀个人的对立情绪，成为陈独秀走向"终身反对派"的重要因素。

共产国际在莫斯科于5月组织的这场关于该问题的讨论具有一定的意义。这种意义从蔡和森的发言中，大致可以体现出来。

首先，蔡和森给陈独秀主义下了一个定义，对其历史发展过程进行了论述，并分析了其原因。他认为陈独秀主义"是中国革命运动和工人运动中之机会主义和孟什维克路线的典型代表"。尽管陈独秀曾经对中国革命作出了重要的贡献,在五四期间"确是起了不少的革命作用"。不久在十月革命后马克思主义的影响下,陈独秀又"成为中国共产党的发起者和组织者之一"。但是,在蔡和森看来,陈独秀"不是一个真正的马克思主义者"。陈独秀主义"不是忽然一下子形成的",它经过一个长期的历史发展过程,大约可分为四个时期:

一是1923年党的三大会议前后,为建立他的"孟什维克"路线的理论基础时期。

二是1926年3月"中山舰事件"前后至武汉政府时期,是他的机会主义路线付诸实践的时期。

三是1927年7月汪精卫叛变至1928年党的六大召开前,是他的动摇和消沉时期。

四是1929年"中东路事件"发生后,是他的公开反对共产国际和中共的总路线,由取消主义发展到托洛茨基反对派的叛逆时期。

在发言中,他对四个时期有理有据地进行了论证。

其次,蔡和森在讨论发言中,批评了鲍罗廷对陈独秀主义的不正确认识。他指出战胜陈独秀主义成为党当时的主要任务,并且强调陈独秀主义"在理论方面和实际方面已做出整个的系统",但它与其他机会主义派别有"密切的思想上的关系"。

鲍罗廷在讨论陈独秀主义时,力图为其错误进行开脱。他说陈独秀主义与西欧的"孟什维克主义"是有区别的。因为西欧的"孟什维克主义""业已走到社会法西斯主义",而半殖民地的国家如中国"已完成资产阶级革命",而"中国中产阶级的民权革命是必不可免地转变到社会主义革命,所以说不上中国有资产阶级的发展道路",所以,"中国孟什维克没有任何前途"。对此,蔡和森批评这种不正确的区别,从而指出了鲍罗廷之所以错误地认识陈独秀主义的原因,并且一再强调,这种错误认识"对于党与陈独秀主义的斗争是很有害的"。

同时,蔡和森认为,不仅"鲍罗廷主义是陈独秀主义的好兄弟",而且戴季陶主义、彭述之主义和谭平山主义等机会主义派别都有着密切的关系，都是必须批判的。

当然，由于蔡和森自被排挤出中央政治局之后，心情多少有些压抑和郁闷，由于受共产国际、联共（布）反右倾斗争和党内"左"倾情绪的影响，加上个人在性情上容易"偏向一方"的特点，所以，他在发言和文章中有这样或那样的缺点和错误；尤其是由于他特别痛恨陈独秀的机会主义及为了"毫不宽恕自己"，所以在发言中夸大了陈独秀机会主义错误。

当年在莫斯科的中国留学生施益生晚年回忆了蔡和森这段时间的情形：

> 1929年1月间，中共中央政治局委员蔡和森同志从国内来莫斯科治病。后来才知道，他当时是受了李立三"左"倾路线的错误打击而来的。当时，他患着极其严重的哮喘病，呼吸非常困难，晚上也无法睡眠。共产国际东方部副部长古久莫夫指定我当他的翻译，照顾他的生活，陪他去莫斯科中央医院看病和治疗。到11月底，蔡和森病况没有好转。古久莫夫断然以共产国际东方部名义，从苏共中央医疗委员会为他要来了一张北高加索地区基士洛沃茨克市的疗养证。从莫斯科到这里要搭乘火车3天3夜，车上又没有任何医疗人员和设施。他们就要我陪着蔡和森同志同行，进行护理和照顾。那时，我的三叉神经还没有好，东方大学从苏共中央医疗委员会给我也要来一张医疗证。我当时确是稀里糊涂，根本没有想到这种旅行会给蔡和森同志带来多大的危险，也没有想到我自己这个病号会背上多大的政治责任。
>
> 12月初，我们离开莫斯科之前，蔡和森同志告诉我，必须去看看共产国际东方部部长米夫。一天晚上7点左右，我陪他到了中山大学米夫的家里。当时米夫兼任中大校长，住在中大宿舍。他和他的夫人布拉格尔接待我们，还拿出来当时比较稀少的白面包、香肠、糖果等招待。米夫首先询问了蔡

和森同志的病况，和森同志如实地作了回答。随后，米夫又问及中国情况，特别是国民党黄色工会在职工运动中的破坏活动和陈公博改组派的活动。和森同志哮喘越来越厉害，上气不接下气，无法多说话，只简单地拼命挤出了几句回答。我翻译完了他的答话之后，把他近几个月的病情又向米夫报告了一番。米夫看到蔡和森实在无法继续谈话，就不再问了，但对他即将长途跋涉，去南方疗养，也没有作任何表态或建议。9点左右，我陪蔡和森同志离开中大，送他回到共产国际的"柳克斯"。

过了两天，我陪蔡和森同志搭乘火车前往高加索。车行两天两夜到了高加索北麓。这里天气非常干燥，昼夜温差较大。随着火车上山，和森同志的病情越来越恶化，开始他还张开大口，使劲呼吸，后来，时间越拖，越来越没力气，手指、脸色明显青肿，哮喘声音都听不见了。我从来没有见过哮喘病人，一点儿没有这方面的常识，简直狼狈不堪，慌了手脚。最后，只好按照列车员的建议，在一个小车站临时停车，背着他往附近的小医院跑去。这时约夜里12点左右，夜深人静，小医院一个值班护士在打瞌睡。我苦苦哀求，请他马上去找大夫来急救。最后，来了两位大夫，紧急商量了一阵抢救方法。他们给蔡和森同志打了好几针，灌了些药水。又经过四五个小时的护理、急救，和森同志才恢复了正常呼吸……

12月下旬，我又陪同蔡和森到达马林诺中央疗养院。这里早已收到了苏共中央医疗委员会的电报通知，非常热情地接待了我们。总医师索洛金亲自检查和诊断了蔡和森同志的病，采取了多方面的综合治疗方法，开了许多处方。对我的病，他也表示了同样的关怀。结果，我们二人的病情日益好转，健康渐渐恢复。蔡和森同志不再哮喘了，每天能看书报，又慢慢地谈笑风生了。

以笔作枪拯国危·蔡和森

蔡和森同志实在太好学了，病刚好一点儿，就要看俄文版的斯大林名著《论列宁主义基础》，因为这时找不到译本，对这本书他真是爱不释手，临睡前还要细阅一阵。对俄文上的疑难，他非要我和他一道，把每段每句的真实意义和曲折语气彻底弄通不可。我想到，他是不是不满意当时所看过的中文译本，而想直接了解斯大林的原著。

这时，苏联科学院已经开始批判德波林学派的唯心论，《真理报》经常刊登批判文章。蔡和森同志对苏联哲学界的动态异常关注，他要我把这些批判文章的要点口头译给他听……

马林诺疗养院前有一个天然湖，湖边一片大森林，空气清新。我经常陪着蔡和森同志在森林中散步。在休息时，他曾多次向我讲述他参加过的一些革命斗争的经历，使我有幸受到活生生的革命教育。

回到莫斯科后，蔡和森同志写了一本小册子，名为《一九二五——一九二七年中国大革命史》。他把这本小册子送给了中山大学研究部作为藏书。他还应莫斯科国际土地问题研究院的邀请，担任了该院的顾问，负责该院写关于中国土地问题和农村阶级关系的报告。他把我拉过去，做他的助手，帮他收集资料。我现在还清楚地记得他在该院所作的两次报告，两次都是我当俄文翻译。他的报告很受欢迎，该院院长杜布罗夫斯基也亲自参加……（参见施益生《对蔡和森、向警予同志的回忆片断》一文，载《革命回忆录》第4辑，人民出版社1982年2月第1版）

1929年7月，蔡和森在莫斯科参加了共产国际执行委员会第十次扩大会议。这次全会对共产国际的"第三时期"理论进行了概括，给"第三时期"下了一个十分明确的定义："这个时期是资本主义总危机增长，帝国主义内部和外部基本矛盾迅速加剧，从而必然导致帝国主义战争,导致大规模的阶级冲突,导致各主要资本主义国家新的革命高潮发展,导致殖民地伟大的反帝国主义革命的时期。"在谈及中国革命形势问题时,会议代表米夫认为:"我们看到中国共产党的阵地巩固起来,中国工人运动的高涨,证明工人阶级中意志消沉的状况开始消除,证明失败的最低点已成为过去,工人阶级又大显身手了。"从总体上看,"第三时期"理论是主观主义和脱离实际的,它中断了中共对瞿秋白"左"倾盲动错误的清算,为李立三"左"倾冒险主义的产生提供了指导思想和行动纲领。

1930年6月11日,中共中央政治局在李立三的领导下,通过了他6月9日提出的《新的革命高潮与一省或几省首先胜利》的决议,标志着"立三路线"的正式出台。在短短的3个月中,错误的"立三路线"使中共和革命事业遭到了严重的损失,不仅白区和城市工作遭受摧残,而且红军和苏区的工作也受到挫折,满洲、顺直、河南、山西、湖北、湖南、广东等11个省委遭到破坏,党员人数由19万人锐减到12万人;红军由于冒险攻城,损失惨重,仅红十军在攻打九江时就由2万多人减少到3000多人。如此严重损失,引起了共产国际和中国广大党员、干部和群众是强烈不满。纠正"立三路线"的错误如箭在弦上,不得不发。

1930年7月底,周恩来、瞿秋白从莫斯科动身回国,根据共产国际的指示来纠正"立三路线"的冒险错误。9月,蔡和森也从莫斯科回国。9月24日至28日,党的六届三中全会在上海举行,蔡和森作为中央委员出席了会议。

会议由瞿秋白、周恩来主持。总书记向忠发作了自我批评,周恩来作了《关于传达国际决议的报告》和《组织报告》,瞿秋白作了政治问题讨论的报告。李立三在会上承担了责任,作了自我批评。全会补选了中央委员,朱德等人选入了中央委员会;改选了中央政治局,毛泽东重新选为政治局候补委员。三中全会结束了"立三路线"在党中央的统治,李立三本人不再担任中央常委兼宣传部长和秘书长,离开了中央领导岗位。

但是，三中全会并未在思想上和理论上彻底地清算李立三等人的"左"倾错误，认为他们只是"犯了些冒险主义与'左'倾关门主义的错误（仅仅是策略上的错误）"。这就为后来更"左"的王明等人用来打着"反立三路线"的旗号攻击三中全会"犯了调和主义"的错误，从而推行更"左"的冒险主义埋下了理论祸根。

不久，共产国际由于对李立三"不尊重"、甚至"对抗"共产国际行为的愤怒，由于对瞿秋白、周恩来两人对李立三的"保护态度"的不满，以及由此产生的对他们两人的不信任感，从而把共产国际一手培养起来的所谓"真正的布尔什维克"王明小宗派扶上了台，并指责三中全会犯了"调和主义错误"。

同年12月5日，李立三按照共产国际的指示前往莫斯科，向共产国际检查自己的错误。12月下旬，共产国际执委会主席团在莫斯科召开扩大会议，讨论"立三路线"问题。出席会议的既有共产国际主席团成员和东方部负责人，还有中共驻共产国际代表张国焘和蔡和森。这是蔡和森第四次赴莫斯科，也是最后一次。

虽然李立三在会上作了深刻的自我批评和检讨，还是受到了极其严厉的批判。

不少人发言后，蔡和森也作了发言。他未谈"立三路线"本身的问题，而是着眼于党内小团体的问题，也就是党内团结的问题。蔡和森一向反对党内组织什么小团体，认为"小组织的组织是不对的"，对张国焘在党的二大前后的小团体言行表示了不满。他更反对党内一些人以反对"小团体"为名，随意诬指他人为"小团体"，对其实施打击，排斥异己，大搞宗派主义，破坏党的团结。在发言中，蔡和森批评当时党的一些指导机关"企图说下层的代表是小团体，是右倾，来抑制下层代表"，他认为这些下层的代表根本不是什么小团体，而是"几千几万群众的"代表，是"中国无产阶级的代表"，是"贫农的代表"。他还批评当时的党中央因为"小团体"的偏见，将最后的同志都赶到党外去，不给从共产国际回去的同志分配工作等错误做法。蔡和森认为，即使是真正"小团体"的代表，只要他改正了错误同样可以为党工作，为党作出有益的贡献。他针对当时反对"立三路线"的矛头实际上已经不是指向李立三，而是转向了所谓"真正小团体"的代表瞿秋白，表示不理解和反对。鉴于共产国际和国内王明等人急于要借反"立三路线"来排斥、打击瞿秋白、周恩来的强大压力，所以蔡和森只是强调一些同志只要改正了错误同样可以为党做有益的工作。他举了"李剑如是莫斯科的学生中的小团体的代表，和托洛茨基派联合，而现在剑如做了中国红军第六军政治委员"这样一个事例，来委婉表达个人的观点。

李立三为了个人检讨的迅速过关，在总结时大谈瞿秋白、周恩来领导中共六届三中全会的错误，并把这一错误有意识地与瞿秋白的所谓小团体斗争联合起来。对李立三的这种做法，蔡和森很不满意，认为他是在耍两面派的手法，真诚地希望他不但要在口头上承认错误，还要"在实际工作上证明"已在改正错误，最后"彻底消灭小团体的现象"。

在讨论会上，蔡和森在检讨和批评"立三路线"时，还勇于解剖自己，表示自己"已经不能做新的运动了……已经落后了"，并真心实意地帮助李立三改正错误。这种光明磊落、严于律己的言行，使李立三颇为感动。两人因此在一定程度上消除了思想上和感情上的分歧。后来李立三在他写的《纪念蔡和森同志》一文中，称赞蔡和森以"他的笃于友爱的性格，使他对于国家民族，对于全国同胞发展了最伟大的友爱"，他是"全国人民所敬爱的伟大革命家"。

十九、英勇就义

1931年2月，经共产国际和中共中央批准，蔡和森告别莫斯科，回到了党中央所在地上海。这时，党的六届四中全会刚刚开过，在米夫的一手扶植之下，王明等人夺得了中共中央的领导权，开始推行"左"倾教条主义和冒险主义路线。瞿秋白、周恩来因为所谓的"调和主义"错误成了会议的主要批判对象。罗章龙等人因不满四中全会的决议，另立中央，被中央开除出党。

蔡和森为了实践他在武汉时期所提出的"两湖根据地"的方案，进一步增强对苏区和红军的了解，向中央提出到中央苏区去从事武装斗争的请求。然而，以王明为首的新中央政治局没有同意他的请求，而是派他去香港恢复和指导广东省委的工作。

那时，广东党组织被破坏得极为严重，省委书记邓发被捕（后经党营救获释），广东省笼罩着严重的白色恐怖。无奈之下，广东省委机关只好暂时设在香港。但是，香港的形势也十分险恶，特务横行。虽然了解到这些情况，但蔡和森是一个组织观念极强的人，不是一个贪生怕死的人，所以，他决定依照中央的安排，如期到香港开展工作。3月，刚从香港回来的外甥女刘千昂对他说，那里的情况很不好，实在危险，劝他暂时不要去。蔡和森回答："干革命，哪里需要就要去哪里，不能只考虑个人的安危。"

5月，蔡和森带着再婚妻子李一纯、小女儿蔡转从上海坐船来到了香港，接替李富春（妻子蔡畅，蔡和森的妹夫）担任两广省委书记。为了安全起见，他们一家三口进行了巧妙的伪装。母女俩乘坐一顶滑竿轿子上山，后面跟着身着西装、头戴礼帽、脚穿皮鞋的像个绅士的蔡和森。为了节省党的活动经费，蔡和森只在一家洋酒罐头公司的楼上租了一间小房子住下，对外的公开身份是这家公司的职员，而没有在附近另租房子办公，只能每天跑一段很长的路到秘书那里去听取汇报，研究工作，各种活动十分繁忙。

香港这个地方情况本来就很复杂。蔡和森到香港不久，就引起了像是长着狗鼻子的国民党特务的注意。更为危险的是，曾经是临时中央政治局委员并熟识蔡和森的大叛徒顾顺章也到了香港。

然而，为了工作，蔡和森向来不太考虑个人的安危。在他瘦弱的外表下，潜藏着一股敢拼敢闯的精神，从不畏首畏尾。6月10日，蔡和森计划参加一次重要的海员工会会议，省委的同志认为安全形势严峻，建议他不要参加。反复思考后，蔡和森还是决定去。原来，海员

不忘初心　缅怀先烈

工会的党团书记李大林向蔡和森反映，和他一起工作的方世林（又名方才）存在很强烈的歧视知识分子的情绪，这种情绪已影响到两人的工作关系，所以，他和蔡和森约定这几天开一次会来解决这个问题，请蔡和森帮助解决。蔡和森很高兴地答应了，并提出香港市委书记廖独航也必须参加会议。临行前，他亲了一下仅仅3岁的女儿蔡转，然后对李一纯说："这个会很重要，我不去不放心。下午1点钟前我一定会来，如果没有回来，那就是被捕了。"没料到这句话竟成为蔡和森与妻女的诀别之言。

上午8时左右，蔡和森依约来到李大林住的湾仔道的房子。在蔡和森未到之前，已经在顾顺章的指使下，有几个特务在李大林的房间，将他控制起来。不一会儿，蔡和森、施动生、方世林陆续进来，先后被特务逮捕了。

廖独航被捕后，随即叛变。李大林、施动生等人后来被判驱逐出香港，然后，继续在上海、河北等地从事革命工作。蔡和森被捕后，中共中央任命章汉夫代理两广临时省委书记，组建临时省委，继续领导两广的党组织，指导工作。

蔡和森在被捕的6位同志中，职务最高，声名最大，因而是敌人重点审讯的对象。然而，蔡和森表现出了一位坚强的共产党员的形象。在狱中，他以绝食为武器，鼓励战友坚持斗争。面对敌人动用的各种酷刑，他威武不屈，大义凛然，决不服软求饶。实在无奈时，他也向敌人提供了一些信息，但那都是他编造的。愤怒的国民党勾结香港当局，要将蔡和森引渡到广东。本来，蔡和森被捕后，党组织立即采取了营救措施。党员李少石，通过一个社会团体与香港当局联系，答应付给一笔巨款，将蔡和森保释。但是，当李少石筹足这笔款时，蔡和森已在两小时前被引渡给广东军阀陈济棠了。

在广州监狱中，蔡和森受到了国民党反动派的种种酷刑。但他横眉冷对，没有暴露党内的任何一点儿情况。他被打得血肉模糊，拖回监狱，躺在地上动弹不得。难友们见了都伤心地哭泣，他却鼓励大家坚持斗争，并说："最后胜利一定会属于我们的！"

敌人的百般折磨，都没有摧垮蔡和森的坚强意志。他们想公开审讯，又怕社会舆论的谴责，于是决定秘密地杀害蔡和森。

1931年8月4日，凶恶的敌人把蔡和森押到监狱的墙边，让他站着，在他面前摆上几颗长长的大铁钉，对他进行最后的威胁。但是，他视死如归，巍然挺立，丝毫不为所动。敌人咆哮着，将他的手脚拉开，用铁钉把他牢牢地钉在墙上。他痛得昏死过去，但仍然一声不吭。凶恶的敌人黔驴技穷，用刺刀一点点地将他身上的肉割下来，最后一刀戳进了他的胸膛。一代英豪蔡和森就这样英勇地在广州就义，年仅36岁。

消息传来，国民党左派人士、诗人柳亚子写道：

革命夫妻有几人，当时蔡向各成仁。
和森流血警予死，浩气巍然并世尊。

蔡和森的一生是追求真理、勇于革命的一生。他在短暂的36年的岁月里，创造了永不磨灭的光辉业绩，党和人民永远铭记着他。毛泽东曾高度评价说："一个共产党员应该做的，和森同志都做到了。"周恩来也曾深情地说："和森同志是永远值得我们怀念的。"1979年邓小平为《蔡和森文集》题词："蔡和森同志是我党早期的卓越领导人之一，他对中国革命作出了重大的贡献，中国人民永远记着他。"陈云题词："向为革命而牺牲的蔡和森同志致敬。"聂荣臻题词："我党早期的无产阶级革命家蔡和森同志永远活在我们心中。"党和国家领导人的这些讲话和题词，对蔡和森的一生给予了高度评价。

蔡和森的革命精神，将永远激励着中国人民奋勇前进！

附录 蔡和森生平年表

1895年

3月30日,出生于上海。

1899年

随母亲从上海回到了湖南的老家,寄居在外祖母家。

1908年

到永丰镇"蔡广祥"店当学徒。

1911年

秋天,进入双峰初等小学,被编入三年级。

辛亥革命爆发,对孙中山和黄兴等资产阶级革命领袖十分钦佩,不久,在学校里第一个把头上的辫子剪掉。

1913年

年初,离开家乡,进省城考入了湖南铁路学校。

同年秋,转入湖南省立第一师范学校,在这里,与毛泽东相识,结为志同道合的挚友。

1915年

秋季,转入湖南高等师范学校专修科文学部乙班,与邓中夏同学。

1917年

6月,以优异的成绩毕业于湖南高等师范学校。

1918年

4月，与毛泽东、何叔衡、罗章龙等进步青年发起成立革命团体新民学会。

6月23日，从长沙乘船起程，至汉口转乘火车，于25日晚到达北京，筹备赴法之事；在7、8两个月里，先后拜访了蔡元培、李石曾、李大钊，参加了李大钊等人发起的少年中国学会。

1919年

5月4日，积极组织在京的湖南青年投入五四爱国运动。

12月25日，与向警予等人乘船从上海起程赴法勤工俭学。

1920年

5月，与向警予在法国南部小城蒙达尼举行了婚礼。

在法留学期间，蔡和森不仅把留法新民学会会员和勤工俭学励进会成员中的多数人引向了马克思主义，而且与周恩来、赵世炎等一起筹组中国共产党旅欧的早期组织，成为法国支部的创始人之一。

1921年

10月，因领导留法勤工俭学学生斗争，被法国政府强行遣送回国。

年底，经陈独秀等介绍，在上海加入中国共产党，并被留在党中央机关工作。

1922年

5月1日，参加在广州召开的第一次全国劳动大会，为大会的召开做了大量的准备工作和宣传工作，并为此专门撰写了《中国劳动运动应取的方针》。

5月5日至10日，出席在广州召开的中国社会主义青年团第一次全国代表大会，被选为团中央第一届执行委员。

7月，在中国共产党第二次全国代表大会上，当选为中央执行委员、中央宣传部部长。

9月13日，中共中央机关报《向导》周报在上海创刊，担任第一任主编。

1923年

6月，中国共产党第三次全国代表大会在广州召开，继续当选为中央执行委员；会后，为争取和改造国民党，促成第一次国共合作，做了许多宣传工作。

1924年

将在上海大学主讲的讲稿《社会进化史》整理出版。

1925年

5月30日，五卅惨案发生后，参加中共中央召开的紧急会议，在会上提出号召全上海罢工、罢市、罢课，反抗帝国主义对中国人民的屠杀的策略主张，参与领导了五卅运动。

10月，根据党的指示，与向警予、李立三等一道从上海赴莫斯科。

1926年

2月17日至3月15日，在莫斯科出席共产国际第五届执行委员会第六次扩大会议，并代表中国共产党和中国共产主义青年团在会上致贺词。

在莫斯科期间，利用一切机会，做争取冯玉祥的工作。

1927年

4月，从莫斯科回国。

4月27日，党的五大在武汉召开，继续当选为中央政治局委员、常委，兼任中央宣传部部长。

8月7日，出席党中央紧急召开的八七会议，与毛泽东、瞿秋白、任弼时、邓中夏等一起批判了陈独秀的右倾机会主义。

八七会议结束后，离开武汉到达北京，不久进驻天津，奉命与王荷波等一起恢复北方局领导机构。

11月，参加了临时中央政治局在上海举行的扩大会议，向中央汇报了北方局的情况，总结了北方局三个月的工作。

1928年

年初，召集顺直省委会议，进一步贯彻党的八七会议精神，再次改组了顺直省委；在彭真的协助下，多次赴唐山深入煤矿，领导工人运动。

2月，结束北方巡视工作，离津到沪。3月20日，向警予在武汉被捕；5月1日，向警予壮烈牺牲，给蔡和森带来了极大的悲痛。

6月18日至7月11日，出席了在莫斯科召开的中国共产党第六次全国代表大会，当选为中央政治局委员、常委，兼任中央宣传部部长；会后，回国参与领导全党的工作。

年底，病情加重，被送至莫斯科疗养，并且担任中共驻共产国际的代表。

1929年

5月，共产国际在莫斯科开展对陈独秀主义的讨论，在会上先后作过多次发言，后整理成《论陈独秀主义》一文发表。

1930年

9月，回国参加党中央的领导工作。

9月24日，出席党的六届三中全会，纠正了"立三路线"的严重错误。

12月，赴莫斯科参加共产国际专题讨论李立三错误的会议。

1931年

2月，根据党中央的指示，从莫斯科回国。

3月，根据中央决定，离开上海前往香港，领导恢复广东省委的工作，任中共两广省委书记。

6月10日，参加香港海员工会举行的会议，被叛徒顾顺章带领特务逮捕；后被引渡到广州，在广州监狱受到国民党反动派的种种酷刑，坚贞不屈，鼓励大家坚持斗争。

8月4日，在广州英勇就义，时年36岁。